21世紀
社会変動の社会学へ

主権者が社会をとらえるために

庄司興吉　編著

新曜社

主権者と歴史認識の社会学へ
21世紀社会学の視野を深める

庄司興吉 編著　A5判並製216頁　本体2500円＋税

21世紀も第2のディケード（10年）の最後に近づき、社会の大まかな仕組み（構造）が見えてきている。端的に言えば、それはますます世界化し、地球化してきている。社会の実態は世界的規模でしかとらえられず、地球環境への溶け合いのなかでしかとらえられなくなってきている。

日本は、「美しい日本」などと言いながら自らを閉ざし気味であるが、労働力不足から「移民」と言うべき人びとを受け入れざるをえなくなったり、気候変動のため、より頻繁でよりひどくなる大雨や台風などに苦しめられてきている。少子高齢化の趨勢も押しとどめがたく、年金を初めとする福祉制度もいつまで維持できるのか定かでない。

バブルがはじけていらい停滞気味の経済を活性化させ、平和国家として、複雑な東アジア、東南アジアのなかで有意義な役割を果たしていけるのかも、今のままでは明らかでない。世界と日本の21世紀社会変動を正しく把握し、それに合った社会の変え方を考えていく必要がある。

本書は、このような問題意識から、21世紀社会の一次構造をまずとらえ（冒頭の庄司論文）、理論を整備してその概要を把握したうえで（次の庄司論文）、現代社会学の理論を参照する（赤堀論文）。現代社会学はこのような自省的考察を重ねて成立する。本書はそのうえで、共同性形成の要となる食と農および知識をめぐるコモンズづくりの動きを吟味し（立川論文および岡野論文）、生産様式としての資本主義の耐久性を検討しつつ（山田論文）、具体的に東アジア・東南アジアの状況を見たあとで（中村論文）、事業体としての企業コミュニティの有効性を再検討し（呉論文）、現代的主体性となりうる集合性の可能態を追求する（丹辺論文）。

21世紀社会の基礎となる共同性が食と知のコモンズとして追求されているのであるから、私たちはそのうえに立って階層性を緩和し、地球生態系としての自然と身体を最大限に生かす、新しい総体システムのあり方を考えるべきであろう。本書はその方向が、個人化と利益追求の動きが拡大し重層する現実の背後で、新たな価値を追求しそれらを集合化しようとするさまざまな動きのなかに、協同的な事業の拡大と民主的選挙における寛容で改革的な多数派の形成として現れるであろうことを、共同研究の成果として各論の個性を残しながら展望しようとして

いる。

　この意味で、21世紀社会のあり方を民主協同社会と考え、その担い手を政治的にとどまらず経済的にも前進していく主権者に求めることは、正統的であるばかりでなく正当でもあるのではないか。読者に問いたい。

　　2020年1月

　　　　　　　　　　　　　　　　　　　　　　　　　　　　　編　者

凡　例

1　本書は、共同研究の成果を編者が有機的に編集して成っている。目次および各
　論文冒頭に黒地に白ヌキ文字で示したのは、本書の構成のなかでの各論の役割で
　ある。次の主題と副題は各論の執筆者による。
2　各論は、節を 1, 2, 3 ⋯ などで示し、小節を 1.1, 1.2, 1.3 ⋯ などと示すよう統一
　している。
3　各論は、本文、注、参照文献、という順でまとめられている。
4　本文中で参照文献を示す場合には、（著者姓 発行年：ページあるいは章、節）な
　どとなっている。
5　各論末の文献リストは、著者名ABC順である。判別しやすいよう、2行以上に
　わたる場合には2行以下を全角2字ずつ下げている。同一著者の作品の場合には
　―――で示している。
6　索引は、事項索引、人名索引とも、編者が、本書のタイトルと副題に沿って、
　重要と思われる概念、用語、人名を選択して作成した。該当項目について調べや
　すいよう、また全体を見渡したばあい、本書の視野と内容が分かりやすいよう、
　最大限の配慮を施したつもりである。

目　次

《情報ネットワークで市場を越える》

「情報の消費化」と情報のコモンズ ——————————— 岡野一郎　65
——レッシグのコモンズ論を手がかりとして

《事例に即して資本主義の今後を考える》

資本主義はいかにして終わるのか ——————————— 山田信行　83
——移行論の新たな展開に向けて

《東アジア・東南アジアを重視する》
一体化する東アジア・東南アジアの産業構造 —————— 中村眞人 103
—— インドネシアと日本の関係を中心に

装幀＝虎尾　隆

《現代社会への見方を変える》

21世紀社会の一次構造
——「ニューノーマル」な現実をふまえて

庄司興吉

1 「ニューノーマル」と呼ばれる現実

　21世紀の第2のディケードの後半以降、社会現象や政治現象についてしばしば「ニューノーマル」という形容が使われるようになった。この形容はもともと、2009年に起こったリーマン・ショックによる世界的な経済情勢の悪化が慢性化しかけて、簡単には治まりそうもなく見えたことから、それを「新しい常態」とみるしかないという文脈で使われ始めたのが、社会現象や政治現象にも使われるようになったものである。経済情勢と社会・政治現象とのあいだにはもとより密接な関係があるが、この場合には経済危機が直接に社会的事件や政治情勢の変化を引き起こしたというよりも、もっとはるかに深い歴史的事情が経済情勢の悪化がなかなか克服されない世界に顕在化してきた、という意味合いがある。

　その社会的政治的現象を大きく括って3つあげよう。

　第一は、欧米主要都市でのテロ事件の多発である。もちろんテロ事件はインドネシア、パキスタン、レバノン、トルコなどでも起こっているのであるが、とくに2015年冒頭のシャルリー・エブド襲撃事件いらい、パリ、ブリュッセル、ロンドン、ニューヨークなど欧米主要都市で起こったものが世界的に大きく報道されてきている。それらのほとんどはイスラーム過激派によって引き起こされたと見られているものである。

　さらに、こうしたテロ事件の背景として、2011年のチュニジアでの民主化運動以降、アラブ諸国に広まった同種の運動が各国を不安定化し、2015年にいたってとくにシリアで大量難民を発生させるにいたった。大量難民は、その受け入れに積極的な姿勢を示したドイツを中心にヨーロッパ諸国を葛藤状態に落とし入れ、翌16年にかけてEUはけっきょく難民の多くを、難民の地位にかんするジュネーヴ条約に署名していないトルコに送り返すことになった。しかし、この措置にたいしてはアムネスティ・インタナショナルなどの人権団体から批判の声が上がっ

た。

　問題は、このときの難民の数がケタ外れのものであったのは事実としても、ア
ジアから中東・アフリカにかけて、さらにはラテンアメリカからアメリカにかけ
て、恒常的に移民が発生しつづけており、日ごとに強まり大きくなってきている
移民の流れのうえでは、政治的事情の変化によっていつでもテロ事件や大量難民
が発生する可能性があるということである。

　第二に、こうした諸事件の余波が治まらないなか、2016年の6月には、イギリ
スでおこなわれたEU離脱をめぐる国民投票で、大方の予想に反して離脱派が多
数を占めるという政治的出来事が起こった。原因についてはさまざまに論じられ
てきているが、上に見たアジア、中東、アフリカからの移民の流れのうえに、
EUそれ自体の内部で、あとから加わった後発東部諸国から先進西部諸国への移
民の流れが強まってきていて、そうした人びとにより、西部諸国一般市民の生活
が乱されるばかりでなく、職そのものが奪われる不安が強まってきていた、とい
う事情があることは明らかである。

　ヨーロッパ市民社会を信頼する良識派は、さまざまな不安が広まっていて、そ
の土壌のうえでいろいろな流言が浮遊しているとしても、最終的には良識派が勝
利するであろうとみていたわけだが、そうした良識派の常識が今や通用しないと
ころまで社会は動いてきていたのである。

　同2016年11月のアメリカで、良識派はさらに驚愕させられることになった。
前々年以来の事前運動および予備選挙で、アメリカが長年にわたって築き上げて
きた政治的正当言語political correctnessや政治的正当性political rightnessを
あえて破棄するような言動を続けてきたドナルド・トランプが、大方の予想で堅
実に勝利するとされてきたヒラリー・クリントンを開票開始後比較的早い時間に
破り、第45代合州国大統領に当選したのである。民主党側で「民主的社会主義」
を公言していたバーニー・サンダースが善戦したのも新鮮な驚きであったが、ト
ランプの勝利は、アメリカ史上初のアフリカ系大統領バラク・オバマの二期にわ
たる統治を受けるものであっただけに、本当に驚愕すべきものであった。

　アメリカの本質を、東北部ニューイングランドや西部カリフォルニアのリベラ
ルな地域から速断してはならない、とは良く言われることである。中心部から南
部にかけての、いわゆるバイブルベルトを中心とする地域こそ、背後からアメリ
カとはどんな国かを決めているのだ、としばしばいわれてきた。そのアメリカの
「本質」が今回は思い切り前面に出てきたのである。

　イギリスのEU離脱、いわゆるブレグジットBrexitは、予想されたように必ず
しもスムーズには行かず、イギリス内部でも決定を覆そうとする動きが起こった

り、EUとの具体的な交渉もさまざまな点をめぐり容易ではない局面をくり返している。しかし、2017年1月に就任したアメリカのトランプ大統領は、当初、移民政策や医療保障などをめぐり各地に反発を引き起こして難航を続けたものの、公約どおり、環太平洋パートナーシップ協定TPPや地球環境問題にかんするパリ協定から離脱し、2018年に入るとイランをめぐる核合意からの離脱やイスラエルにおけるアメリカ大使館のイェルサレムへの移転などを強行し、世界に犠牲を伴う混乱を引き起こしてきている。

　第三に、東アジアでは、経済成長を続ける中国の政治的圧力が強まり、東シナ海や南シナ海で日本や東南アジア諸国との軋轢が続いている。朝鮮半島では、北朝鮮がアメリカ本土を意識した核実験やミサイルの発射をくり返してきたが、2018年の2月のピョンチャン・オリンピックを契機として、韓国にもアメリカにも柔軟姿勢をとるようになり、4月にはパンムンジョムで南北首脳会談が実現し、6月にはシンガポールで北朝鮮とアメリカの首脳会談がおこなわれるまでになった。これらにたいして日本では、北朝鮮にたいして強硬姿勢一本やりで、韓国や中国のいう「歴史認識」の意味を理解しない自民党と公明党との連立政権が続いており、2009年に実現した民主党中心政権も、2011年に東日本大震災が起こったこともあり、ほとんど見るべき成果を上げられずに終わった。

　これらは、中東を起源とするテロや難民の発生、強まり続ける移民の流れや、それらを反映した政治的諸事件とは、一見したところ関係がないように見える。しかし、歴史の大きな流れから見ると、これらもじつは、「ニューノーマル」とみられるべきなのではないか、というのが本論の仮説である。21世紀も第二のディケードの終わりに近づいているが、20世紀から21世紀に残された最大の問題が何であったのかを考えてみよう。西の中東問題と、もう一つ、東の朝鮮半島問題こそ、そうなのではないか。そういう仮説とともに、「ニューノーマル」と呼ばれるようになった現実の背景を考えてみよう。

2　「先進社会」の階層分化

　以上のうち、イギリスのEU離脱国民投票やアメリカでのトランプ大統領誕生を説明するために多く用いられてきたのは、欧米日「先進」社会の階層分化現象である。トマ・ピケティの階層研究やエマニュエル・トッドの家族人類学をふまえた米英にかんする言説などが、しばしば用いられてきた（Piketty 2012=2014, 2014=2016; Todd 2000=2003, 2016=2016）。ピケティは、とりわけアメリカにおける、この30年ほどのあいだの急速な階層分化を強調し、トッドは、「アメリカ帝国」

の終焉と、返す刀でヨーロッパの民主主義にかんしても辛辣な言及をしてきているから、イギリスのEU離脱やアメリカでの予想外の大統領誕生を説明する根拠にこと欠かない。この二人のものを含む格差拡大論の多くは、いったん格差拡大が起こり始めると、とくにヨーロッパでは高等教育制度がそれをさらに増幅する、という傾向の指摘も含んでいた。

　たしかに、米欧日「先進」社会の、20世紀の最後の四半世紀以降の階層分化は深刻である。米欧日「先進」社会では、第二次世界大戦後、アメリカを先頭に、ドイツ、イタリア、日本などの経済成長が続き、19世紀以来の大植民地主義帝国として植民地の独立運動に悩まされ続けたイギリスとフランスも、「イギリス病」や「悩めるフランス」などといわれながらも、植民地を手放しつつ経済成長を実現した。とくにアメリカについて、1950年代から60年代にかけて言われたのは、中間層が着実に増大し、アメリカが事実上中間層社会になりつつあるという認識であった。デービッド・リースマンの「孤独な群衆」やチャールズ・ライト・ミルズの「ホワイトカラー」が一世を風靡したのは、この時期である（Riesman 1954=2013; Mills 1956=1957）。

　日本でも、1950年代から70年代にかけて高度経済成長が続くと、「豊かな社会」化が進むなかで階層格差が縮小していくように見え、1970年代から80年代にかけて、高度成長をふまえた主な社会変化の一つとして、中間層の増大や日本人の総中流化がしきりに論じられた。日本の階層研究でよく使われた調査技法の一つとして、対象者の階層意識を「上」「中の上」「中の中」「中の下」「下」という5カテゴリーに落とし込む質問があり、その質問にたいしては大多数の人が「中」のいずれかを選んだ。

　もちろん、このカテゴリーの設定では当然そうなるという批判も最初からあったが、それに他の質問項目やその他のデータを加えて検討すれば「中」意識の増大は否定されがたいと主張され、ついには「新中間大衆」という概念が創り出されて、「新中間大衆の時代」が主張されるまでになった（村上 1984）。そしてこうした主張は、たんに調査結果をふまえるというだけでなく、経済成長の結果として生じたさまざまな社会的変化に言及し、それらをさらに、日本近代化の特徴を「イエ社会」という日本社会の文明論的特性に結びつける理論にまで関係づけていたので、その影響は大きかった（村上・公文・佐藤 1979）。高度経済成長の結果、日本社会の国際社会における経済的位置のみならず、政治的さらには文化的位置も向上しつつあるという認識のもとに、大胆な理論的投企がおこなわれたのである。

　しかしアメリカでは、すでに1980年代から、深刻な逆流現象が起こり始めて

いた。直接のきっかけは、1981年に登場したレーガン大統領による税制改革にある。豊かな社会化とそれをふまえた高中額納税者の「反乱」ともいうべき動きをふまえて、レーガンは税率の最高額を低い水準に抑え、戦後、対社会主義対策もあって欧米日の多くに普及していた累進課税制を緩和するこの動きは、さまざまな税制改革、経済政策、社会政策などとして他の「先進」諸国に広がっていったのである。その結果、アメリカでは早くも80年代から、階層構造の「中太り（ダイヤモンド）型」から「砂時計（アウアグラス）型」へという変化が起こり始めていた（庄司 1999: Ⅲ）。

　日本は、1970年代の二度の石油危機（オイルショック）で高度経済成長を不可能とされたあとも、80年代には経済状態が欧米に比して良好であった。イズラ・F・ヴォーゲルの『ジャパン・アズ・ナンバーワン』が良く売れていた時期である（Vogel 1979=1979）。日本はこのときの好調を実力と勘違いして世界中の土地や建物を買いあさる挙に出、自らいわゆるバブル経済を引き起こしていった。そしてそれが1990年代初めにはじけると、今度はどうあがいても抜け出られないような不況に追い込まれ、このいわゆる失われた10年はその後さらなる10年に引き延ばされていく。そしてこの間に、日本社会の階層分化は急速に深刻なものとなってきた（橋本 2018）。

　こうした欧米日社会の階層分化の進展が「ニューノーマル」な現実の背景にあることは、間違いない。私は、かつて1980年代に日本で中流社会化論が盛んだったころ、欧米日「先進社会」のダイヤモンド型階層構造を世界社会論から説明するために、図（次頁）の左側のようなモデルを用いたことがある（庄司 1999: 92）。すなわち、当時の世界はまだ圧倒的に、欧米日「先進」社会の国民国家が優位を保つ国際社会ではあったが、それを意識しつつあえて世界全体を一つの社会とみなすと、世界的規模の巨大なピラミッド型の階層構造の上部に欧米日「先進」社会の階層構造が載っている。欧米日「先進」社会は、過去5世紀にわたって世界の他地域を植民地あるいは従属国化してきた実績をふまえて、第二次世界大戦後の経済成長を成し遂げたのであり、いわば世界的ピラミッド型階層構造の中下層から富を吸い上げながら、中流階層優位の社会すなわちダイヤモンド型階層構造の社会を築き上げてきたのである、と。

　この延長上でいえば、たしかに欧米日「先進社会」の税制改革や経済政策が発端ではあったものの、その後1990年代から21世紀にかけて旧従属国・植民地が独立後の混乱を克服して独自の経済発展を始め、欧米日「先進」社会を追い上げるようになって、これら諸国の階層構造はさらに図の右側のように、巨大なピラミッドの上部にありながらも中下層部分を新興諸国に譲らざるをえなくなり、ア

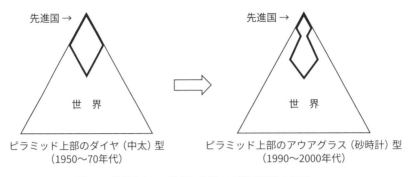

先進国 →　ピラミッド上部のダイヤ（中太）型
（1950〜70年代）

世界

先進国 →　ピラミッド上部のアウアグラス（砂時計）型
（1990〜2000年代）

世界

図：20世紀から21世紀にかけての階層構造の変容

ウアグラス型の階層構造に変形してきたのではないか。日本の例で言えば、90年代以降の「失われた10年」に入ってから、終身雇用、年功序列、企業別組合を特徴とする日本的雇用体制が崩れ始めたばかりでなく、労働組合法、労働基準法、労使関係調整法の労働三法を基礎とする雇用体制そのものも崩れ始め、いわゆる非正規雇用が急速に拡大してきた。

　日本では、1980年代のバブル期にかけて増大してきていた外国人労働者を、バブルがはじけて以降は押さえようとする動きが強まったため、外国人労働者あるいは移民労働者が増えてきて、階層分化の下層に落とされる人びとの不安が強まっていくということは相対的に少なかったのだが、欧米諸国では階層分化が進むのと移民労働者が増大する傾向とが重なって進んだため、中下層市民の生活不安や雇用不安が強まっていき、イギリスのEU離脱国民投票やアメリカでのトランプ大統領誕生のような現象につながっていったのである。

　こう考えると、1980年代から21世紀にかけての欧米日諸国で、上に見た「ニューノーマル」と言われる第二の現象、すなわち民衆のなかに生活防衛や自国防衛の意識が強まり、それが強弱の差はあれ外国人嫌いxenophobiaにまで広がって、いわゆるポピュリズムが広まってきた現象の背景は理解されうるといえよう。日本でも、外国人労働者や移民労働者が顕著に増加してきたとはいえないにもかかわらず、ヘイトスピーチのような外国人排斥運動が社会問題や政治問題化してきている。しかし、階層分化現象そのものからは、上に見た「ニューノーマル」と言われる第一の現象すなわちテロリズムの頻発や、第三の現象すなわち中国や朝鮮半島や日本の動きは説明できないのではないか。いや、すでに上でも示唆してきているように、欧米日諸国の階層分化現象の背後にすら、もっと大きな歴史的変動が働いているのではないか。

3　ポストコロニアル化の進展

　テロリズムの頻発については、他のところでも書いたが、第二次世界大戦終了後の世界の、歴史的転換点ともいえる戦争や紛争をめぐっての欧米日「先進」諸国、とりわけイギリス、フランス、アメリカの対応の失敗が根本の原因をなしてきたと言わねばならない（庄司 2016: 120-122）。19世紀のロシアでは、ツァーリズムの圧政にたいする抵抗としてナロードニキ（人民主義者）のテロリズムが展開されたが、これは、アルベール・カミュの『正義の人びと』などが描いたように、ツァーリの圧政と闘う手段としてそれ以外にないと判断した活動家たちが、人民の海のなかに潜入し、機会を狙ってツァーリを直接暗殺しようとした、いわば「ばんやむをえぬ」とされた行為選択の結果であった。

　これにたいして、20世紀になると、イギリスの植民地であったインドで、広大な祖国を解放しようとするマハトマ・ガンディーの、非暴力の抵抗が展開された。インド思想の伝統をふまえたサティヤーグラハ（真理把握）の実践としてなされたアヒンサー（非暴力）と不服従の運動は、長い時間をかけてインド亜大陸に広まり、1947年に、パキスタンとの分離独立とならざるをえなかったものの、ついに大国インドを独立に導いた（Gandhi 1960=1970-71）。そして、この非暴力と不服従の運動が、1950年代以降、差別撤廃に向けて立ち上がったアメリカのアフリカ系人民の運動に、指導者マーティン・ルーサー・キング牧師を先頭に立てて取り入れられ、ついには1964年の公民権法の成立として実現したのは周知のことである（King 1964=1966）。アメリカの人種差別はその後も尾を引き、くり返し問題を引き起こしているが、60年代の公民権運動の勝利が解決のベースとされてきていることに変わりはない。

　しかし、アメリカは、この公民権運動の勝利を実現していた時期に、他方で、ヴェトナム独立運動に敗退して引いたフランスに代わって南ヴェトナムに深入りし、1960年代から70年代にかけてのヴェトナム戦争に引き込まれた。このヴェトナム戦争の過程で、アメリカの介入を不当とみなした仏教の僧たちが、ガソリンをかぶって自らの身を焼き抗議する、いわゆる焼身自殺があいつぎ、同様の行為がアメリカ内部や日本にまで広まった。焼身自殺は、自殺の手段としてもっとも悲惨なものとされてきただけに、あえてその手段で抗議する僧たちやそれに同調する人びととの行為が世界に大きな衝撃を与え、アメリカのヴェトナム侵略戦争の正当性を根底から揺るがしたことは否定しえない。インドからアメリカに広まった非暴力と不服従の運動が、あえて自らを害してアメリカに抗議する運動に

展開したことは、歴史の大きな転回を引き起こさざるをえない大事件であった（庄司 2016: 122-127）。

　案の定、1975年にアメリカはヴェトナム戦争に全面敗退し、撤退せざるをえなくなる。ヴェトナム解放戦争におけるヴェトナムの勝利は、世界史的にみて、19世紀から20世紀にかけてラテンアメリカ、アジア、アフリカと続いてきた植民地・従属国解放運動のほぼ全面勝利につながる画期であった。しかし、この頃までに、中東において、イスラエルの建国とその後の対応をめぐり、イスラエルとパレスティナおよび周辺アラブ諸国とのあいだで続いてきた戦争はいわば泥沼化し、劣勢に立たされてきたパレスティナおよび周辺アラブ諸国の側から、自らを犠牲にし、周辺にできるだけ大きな被害を及ぼして、イスラエルおよびそれを支援する欧米諸国などに打撃を与えようとする、いわゆる自爆攻撃の原形が準備されてきていたのである。

　自爆攻撃はしばしば、パレスティナおよびアラブ諸国に基盤をもつイスラーム、とりわけその聖戦（ジハード）の思想と関連づけられて語られてきたが、イスラームそのもののうちにそれを強要したりする要素があるわけではない。むしろ、中東においてイスラエルやそれを支援する欧米諸国の対応に不満を持ち、過激化した人びとが、その過激性をイスラームの教義と関連づけて極端化する一部の指導者などに影響されて、死後の世界にかんするイスラーム特有のイメージなどに先導されつつ起こす行為である。1990年代から21世紀にかけてアルカイダなどの活動によって世界に広まったが、2011年にチュニジアから民主化運動がアラブ諸国に広まると、それによって不安定化した国、とりわけイラクやシリアには「イスラーム国家（ISあるいはISIS）」を自称する大きなテロリスト集団も現れ、一時は大問題となった。

　2010年代の半ば以降米欧の主要都市で頻発するようになったテロの多くは、こうして広がった自爆テロの変種であり、アルカイダから「イスラーム国家」などにつながる過激派集団の影響を受けている。欧米市民の多くが、難民はもとより移民の流れを警戒し、生活防衛的、自国防衛的な態度をとるようになった原因の大きな一つには、難民や移民の流れのなかにこうしたイスラーム過激派の活動家が潜入しているのではないか、という不安がある。

　こう考えてくると、「ニューノーマル」とみなされるようになった欧米主要都市などでのテロの頻発の背後には、第二次世界大戦後20世紀の後半における世界史的事件としての植民地従属国の解放と、とりわけそのなかでの、中東におけるイスラエルの建国をめぐる英米の事後処理の失敗がある。イギリスは、第一次世界大戦から第二次世界大戦にかけて、中東におけるアラブ諸国の独立を一方で

約束しながら、他方でシオニストたちのイスラエル建国を支援し、「二枚舌外交」とも「三枚舌外交」とも言われるこの行為に行き詰まると、矛盾の解決を誕生したばかりの国連にゆだねた。アメリカはそれを受けて、決議181号で一方的にイスラエルに有利なパレスチナ分割案を提示し、その後延々と続く中東戦争とパレスチナ問題の原因をつくった（庄司 2016: 45）。

　近代世界、すなわち欧米日から見て「自由・平等・友愛」の世界は、16世紀以降、非欧米日世界の植民地化・従属国化のうえに立てられた。19世紀のラテンアメリカから始まった植民地独立の運動は、20世紀に入ってアジアからアフリカに広がり、上に述べたヴェトナムの独立までに、大半の植民地・従属国が独立あるいは自立を成し遂げたのだが、中東におけるパレスチナの確立およびイスラエルとアラブ諸国の平和共存という課題は、このような形で21世紀にまで残されている。前節で、欧米日「先進」社会における階層分化の進展が、植民地・従属国の独立・自立とその後の混乱を克服しての経済的政治的成長、すなわち新興国化に追い上げられてのことであることを示したが、いわばポストコロニアル化の進展といえるこの世界史的な動きが、中東におけるパレスチナ問題の未解決によって、いわばテロリズムに血なまぐさく色づけられながら進行しているのである。

　そこでこの文脈で、「ニューノーマル」な現実の東アジアにおける現れかもしれないと言った、中国の台頭と北朝鮮問題を考えてみよう。中国の台頭は、言うまでもなく、植民地・従属国の独立とその後の混乱を克服しての経済的政治的成長の筆頭にあり、この世界史的な大変動を巨大な力で引っ張り続けている現実である。1949年に中華人民共和国を成立させた中国は、その後「大躍進」や「プロレタリア文化大革命」などによる大きな混乱を経験したが、70年代までにそれらを克服し、78年の「改革開放」をきっかけに経済成長を始め、89年には学生らの民主化運動を押さえ込んだ天安門事件があったが、その後は「社会主義市場経済」という自己規定のもとに経済成長を続けてきた。国営企業は存続し、外国からの資本進出も認めて、市場経済による経済成長を続けるが、共産党一党支配の政治体制は維持していくというやり方である。

　この方式による経済成長持続の結果、中国経済は、2010年に日本経済を追い越し、世界第2位の経済規模に拡大した。中国が東シナ海や南シナ海で軍事的などの行動を活発化し、周辺諸国と軋轢を引き起こすようになったのはこの前後からである。中華人民共和国の建国からしばらくのあいだ、中国は、対外的にも強く倫理主義的な態度を示していた。日本にたいしても、日本が日清戦争で台湾を植民地化し、朝鮮半島を併合して中国東北部に侵出し、「満州国」という傀儡国

家をつくって中国を侵略しようとしたことにたいし、中国は、「悪かったのは帝国主義［者］であって人民ではない」という、いわゆる軍民二分論の態度をとり、戦後処理をめぐっても、他国と異なって戦争犯罪による処刑者を一人も出さず、1956年には戦犯とされた1000人あまりの日本人を起訴免除や軽い刑で送り返している（大澤 2016）。72年に周恩来首相と日本の田中角栄首相とのあいだでおこなわれた日中国交正常化のさいも、中国は日本にたいする賠償請求を放棄し、今後ともアジアおよび世界に覇権は求めないという態度を示した（林 2017: 83）。

こうした過去の態度から見れば、2010年代に入って習近平国家主席が示し始めた基本方針は異質なものである。2017年10月に行われた第19回党大会で、中国共産党は、「習近平の新時代の中国の特色ある社会主義思想」として、経済・政治・文化・社会・生態文明の建設を総合的に進める「五位一体」と、全面的な①小康社会、②改革の深化、③法治、④厳格な党管理を目指す「四つの全面」を軸とする統治理念を打ち出し、この思想のもと「社会主義現代化強国」の建設、国民全体の暮らしの底上げ、「世界一流の軍隊」の建設を目指す戦略を押し出した（中国研究所 2018: 403-425）。この方針のもとに、中国共産党はさらに、2018年に入って、国家主席の任期を二期10年までとする条文を憲法から削除し、長期政権による新たな国家と社会の建設を明言するにいたっている。これは、考えようによっては、中国が、欧米日「先進」社会が世界システムの理念としてきた市民社会を超え、新しい国家と社会、それを前提にした新しい世界システムを目指すのだ、という意向の表明ともとれる。

中国はこの方針のもとに、朝鮮半島にも影響力を及ぼそうとしている。朝鮮民主主義人民共和国すなわち北朝鮮は、一時は中国の意向をも無視して、アメリカと対峙するための核兵器とミサイルの開発に没頭していたが、2018年になって韓国との関係にも柔軟な姿勢を示し、その延長上でアメリカとのあいだでも、核兵器の放棄や体制の維持をめぐって対話に応じてきている。対話方針に転じた北朝鮮を中国は支援してきているから、米朝の首脳会談が重ねられれば、その後に中国の影響が強くなることは間違いない。欧米日「先進」社会で難民や移民の流れが強まり、テロが頻発して、民衆の生活防衛意識や自国防衛意識が強まってくるのと対照的に、中国を先頭とするアジアでは、欧米日的な人権感覚とは異なるものの、プラスの意味で「ニューノーマル」といえるかもしれない新しい国家と社会が形成されようとしているのである。この意味でのポストコロニアル化の進展を、われわれはどう評価していくべきなのであろうか。

4 世界史の新段階と日本の役割

　以上を要するに、世界的な、とりわけ欧米「先進」社会の主要都市におけるテロの頻発、欧米「先進」社会で、移民や難民の流れに浸されつつ生活防衛や自国防衛の意識を強めてきている民衆の投票行動、東アジアにおける中国の影響力増大と朝鮮半島の非核化をめぐる北朝鮮の行動、など「ニューノーマル」とされてきている現実の背後にあるのは、真に世界史的な巨大な転換である。16世紀以降、世界は、ヨーロッパ主要国の世界進出、他世界を植民地・従属国化しつつおこなわれる市民革命、独立革命後のアメリカ、および東洋でほとんど唯一植民地・従属国化を免れて独立国家建設に進んだ日本の参加をふまえて、植民地再分割をめぐる帝国主義化と帝国主義戦争の時代への道を歩んできた。そして20世紀に入り、二度の世界大戦をつうじて究極兵器と言われる原子爆弾を生み出したわけだが、その間に植民地・従属国化された諸国・諸地域の自己解放運動が進み、20世紀の最後の四半世紀から、旧植民地・従属国による、世界システムのいわば主導性逆転現象が始まったのである。

　植民地の自己解放運動も、アメリカ合州国に見られたように、最初はヨーロッパから入植した植民者やその子孫たちの本国からの独立運動であった（庄司2016, 41-42）。そして、これはそのようなものとして中南米諸国に広がった。入植者の子孫たちであるクリオーリョが独立運動と新国家建設を担うなかから、やがてメキシコのベニート・ファレス（任期1858-1872）のように先住民出身の大統領も現れる。しかし、19世紀から20世紀にかけて顕在化したアジアの民族解放運動は、最初から植民地化された人びと、あるいはほとんど植民地のように従属国化された人びとの自己解放運動であった（同42-44）。インドにせよ中国にせよ、植民地従属国解放運動がもともとあった帝国の解体・克服と同時に進められた意義は大きい。古代以来の長い文明の伝統をもつこれらの国は、欧米近代文明の受け入れに時間がかかったその分だけ、その綿密な吟味もおこなわざるをえないから、それだけ、欧米日近代社会のあり方を根底から問い、世界社会および地球社会の本当に新しいあり方を提起しつつあるのである。中国の動きもあとを追うであろうインドその他の動きも、そのような角度から忍耐強く見続けていかなければならない。

　こうした世界のなかで、日本はどのような位置を占めており、どのような役割を担うことになるのであろうか。

　日本は、1868年に封建制を基礎とした旧政府を廃して近代国家の基をつくっ

てから、20年余で憲法と議会によってその体裁を整え、1894-95年には清国と交戦して台湾を植民地にし、1904-05年にはロシアと戦火を交えて朝鮮半島の保護権を獲得して、10年にはそれを「併合」するとして事実上植民地にした。そのあと、しだいに中国東北部に侵出し、32年には「満州国」という傀儡政権を建て、国際連盟で批判が高まるとそれを脱退して、中国大陸から東南アジア諸国に向けて侵略を拡大し、41年にはアメリカに宣戦布告して太平洋にまで戦火を拡大して、いわゆる大東亜共栄圏なるものを築こうとした。欧米列強の軍事支配を退け、東アジア諸民族の共栄を図るというのが名目であったが、その実態が諸民族にたいする日本軍の軍事支配であったことは言うまでもない。そのため、朝鮮半島や中国における抵抗や抗戦に加えて、42年以降は太平洋諸島からアメリカの反撃を受けるようになり、44年以降は日本本土の都市をつぎつぎに空襲され、45年4-6月には一般民衆を巻き込んだ地上戦で沖縄を失い、それでも降伏しようとしなかったため8月には広島長崎に原子爆弾を投下されて、ついにポツダム宣言を受け入れて無条件降伏した。

アジアで唯一植民地化されずに近代国家を築き、資本主義経済を始動させた日本は、欧米植民地主義・帝国主義の尻馬に乗り、それらに対抗して東アジア全域に及ぶ支配圏を構築しようとしたため、台湾、朝鮮半島、中国大陸を初めとするアジア諸民族に絶大な被害を及ぼしたのである。にもかかわらず、太平洋にまで拡大された十五年戦争をつうじての、日本、とりわけ民衆の被害があまりにも大きく、しかもこれに人類史上初の原爆投下の悲惨な被害も含まれていたため、日本人のあいだには、自分たちこそが戦争を起こし、近隣の諸民族に絶大な被害を及ぼしたのだという加害者意識は強く形成されず、むしろ自分たちこそが「起こってしまった」戦争の被害者なのだ、という意識が戦後ずっと残り、今日にいたるまで残り続けている。第二次世界大戦後の経済成長も、朝鮮半島で起こされた、朝鮮民族にとってははなはだ不幸な戦争による「特需」をきっかけとして始まったにもかかわらず、罪悪感を伴う意識はほとんど起こらず、朝鮮半島の植民地支配にたいする責任も、1965年韓国の軍事政権のもとで締結された日韓条約による一定の経済協力によって免じられるかのように仕組まれた。

中国は、すでにふれたように、長期間にわたって日本および日本軍の侵略を受け、広範囲に絶大な被害を受けたにもかかわらず、戦後は、戦犯とされた日本人たちにたいして驚くほど寛大な措置をおこない、日中国交回復にあたっては賠償請求権すら放棄して、人民同士の長期にわたる友好関係を期待する態度を示した。毛沢東と周恩来を最高指導者としていた時期に示されたこのように倫理主義的な態度は、最高指導者が鄧小平に替わって改革開放が始まり、経済成長が続くよう

になって、中国にも消費文化が広まってきた過程をつうじてことさらに表に出されることは少なくなった。が、さまざまな機会に示される中国の日本にたいする態度に、1937年の南京事件に象徴されるような、日本および日本軍がかつて中国でおこなったさまざまな侵略行為を記憶し、反省する歴史認識を維持し続けることへの要求は一貫している。韓国と同じように中国、そしてさらに言えば東南アジア諸国は、日本がかつて朝鮮半島と中国、さらには東アジアから東南アジアの全域でおこなった侵略行為を正確に記憶しつつ反省することを、「未来志向的」関係の前提として要求しつづけているのである。

このように見てくると、「ニューノーマル」といわれる諸現実の背後にある世界史の新段階のなかで、日本がおかれている位置と、それがゆえに日本および日本人が与えられている役割は明らかなのではないかと思う。

上に見たように、日本は、19世紀中葉、欧米列強が東アジアに押し寄せてくるなか、かろうじて植民地化を免れ、独自の国家を建てて近代化を進めようとしたが、近隣諸国との関係形成を誤り、台湾、朝鮮半島を植民地にしたばかりでなく、中国東北部から全土、さらには東南アジアからインドまでも侵略しようとし、最後にはアメリカに戦争を挑んで都市空襲、沖縄地上戦、広島長崎への原爆投下を含む、人類史上もっとも悲惨といえるかもしれない負け方をした。欧米の植民地主義および帝国主義抗争に割り込み、その一翼となろうとした結果である。大東亜共栄圏は、本当に最初からアジアの民衆と一体化し、欧米列強の侵略をともに撃退しようとしたのであれば、命を懸けても良い構想であったかもしれないが、現実は日本軍の暴力支配であった。これによって日本は、16世紀から20世紀にかけて他世界を植民地・従属国化しつつ「自由・平等・友愛」の社会を築こうとした欧米列強と並び、この世界システム形成の責任を取らなければならない。

しかし他方、欧米列強との戦争に敗れた結果、日本は、植民地占領のみならず沖縄と北方領土まで奪われ、アメリカ軍に全面占領されて、1951年までの6年間植民地同様の状態に置かれた。そして、これこそが重要なことだが、当時の社会主義国などを除く諸国との講和と同時に締結させられた日米安全保障条約の結果、本土防衛の名目で大規模なアメリカ軍基地を受け入れることになり、1960年に改訂されたこの条約とそれにもとづく地位協定のため、軍事面を主とする重大な主権制限の状態に置かれており、その意味で今でも対米従属の状態にある。これによって日本は、かつての欧米の植民地主義・帝国主義に加担した責任と同時に、アジア・アフリカ・ラテンアメリカの植民地・従属国体験を、戦後の6年間ばかりでなく事実上はその後も共有している。1951年以後の対米従属は、アメリカの「核の傘」に入るための交換条件とされており、広島長崎への原爆投下と、1949

年のソ連の核保有いらい事実上核国家主権の時代となった世界での、非核保有国の従属である。

　そこで日本は、「ニューノーマル」とされるような諸現実の背後にある世界史の新段階をふまえて、21世紀社会の仕組み（構造）を明らかにし、その変え方（変革方法）を示さなければならない。現代社会を世界システムの現状としてとらえるならば、それは、第二次世界大戦まで欧米日「先進社会」が、その他世界を植民地・従属国化しつつ築き上げてきた市民社会先導の状態が、旧植民地・従属国の、独立とその後の混乱を克服しての新興国としての成長をつうじて、根底から変革されようとしている過渡の状態である。日本は、この状態を、朝鮮半島と中国とから歴史認識の問題として突き付けられている、過去の植民地主義・帝国主義への反省をとおして受け止め、世界全体については、欧米もまた同じ責任を負っており、同じ反省を認識と行為に具体化していかなければならないことを、訴えていかなければならない。そしてそのさいには、日本自身、原子爆弾による最初の被爆を初めとして、過去の戦争からもっとも悲惨な被害をこうむったことから、植民地主義・帝国主義から多大な被害をこうむったアジア諸国の立場と心情を理解できることを示し、アジア諸国、さらには中東アフリカからラテンアメリカ諸国の立場と心情を擁護し、代弁するような態度をとっていかなければならない。

　要するに日本は、過去の5世紀、世界を支配した植民地主義・帝国主義の一翼であったと同時に、十五年戦争と第二次世界大戦での敗戦以降は、戦後の事実上の植民地体験と核大国への従属をつうじて、この植民地主義・帝国主義の犠牲になった諸国と運命をともにしてきている面もある。戦後の経済成長によって経済大国化し、欧米主要国と並んで「先進」社会を構成してきたような面もあり、そちらの面だけが強調されることが多いが、冷静にみれば現実はそうではない。戦前から戦後に及ぶ日本のこうした冷静な歴史認識から、日本は、欧米「先進」社会と、新興国に先導されながら世界秩序を変えつつあるアジア・アフリカ・ラテンアメリカ諸国とのあいだに立ち、いわば両者を媒介しながら新しい世界秩序の形成に貢献していかなければならない。その意味で、朝鮮半島および中国とも真摯に向き合い、韓国や中国の理解を得ながら、北朝鮮の核ミサイル開発後の動きとも向き合い、あくまでも対話をつうじて、朝鮮半島の非核化と統一に貢献していかなくてはならない。日本の社会学は、そのような立場にあり、そのような役割を持つ日本のための、現代社会認識とそれをふまえた政治的経済的および社会的な実践の道筋を、示していかなければならないのである。

【文献】

中国研究所編, 2018,『中国年鑑 2018』明石書店.

Gandhi, M. K., 1960, *My Non-Violence*, Ahmedabad: Navajivan Publishing House.（=1970-71, 森本達雄訳『私の非暴力』みすず書房.）

橋本健二, 2018,『新・日本の階級社会』講談社現代新書.

林望, 2017,『習近平の中国——百年の夢と現実』岩波新書.

King, Martin Luther Jr., 1964, *Why can't we wait?* New York: Harper & Row.（=1966, 中島和子・古川弘巳訳『黒人はなぜ待てないか』みすず書房.）

Mills, C. W., 1956, *The Power Elite*, London: Oxford University Press.（=1957, 鵜飼信成・綿貫譲治訳『パワー・エリート』上・下, 東京大学出版会.）

村上泰亮, 1984,『新中間大衆の時代』中央公論社.

村上泰亮・公文俊平・佐藤誠三郎, 1979,『文明としてのイエ社会』中央公論社.

大澤武司, 2016,『毛沢東の対日戦犯裁判——中国共産党の思惑と 1526 名の日本人』中公新書.

Piketty, T., 2012, *Le Capital au XXIe siécle*, Paris :Seuil.（=2014, 山形浩生・守岡桜・森本正史訳『21 世紀の資本』みすず書房.）

————, 2014, *Les hauts revenus en France au XXe siécle: inégalités et redistributions, 1901-1998*. Paris: Bernard Grasset.（=2016, 山本知子他訳『格差と再分配——20 世紀フランスの資本』早川書房.）

Riesman, D., 1954, *The Lonely Crowd: A study of the changing American character*, New Haven: Yale University Press.（=2013, 加藤秀俊訳『孤独な群衆』上下, みすず書房.）

庄司興吉, 1999,『地球社会と市民連携——激性期の国際社会学へ』有斐閣.

————, 2016,『主権者の社会認識——自分自身と向き合う』東信堂.

Todd, E., 2002, *Aprés l'empire: essai sur la décomposition du systéme américain*, Paris: Gallimard.（=2003, 石崎晴巳訳『帝国以後——アメリカ・システムの崩壊』藤原書店.）

————（堀茂樹訳）, 2016『問題は英国ではない、EU なのだ——21 世紀の新・国家論』（文春新書, 1093）, 文藝春秋.

Vogel, E. F., 1979, *Japan as Number One: Lessons for America*, Cambridge, Mass.; London, England：Harvard University Press.（=1979, 広中和歌子・木本彰子訳『ジャパン アズ ナンバーワン——アメリカへの教訓』TBS ブリタニカ.）

21世紀社会の概要と主体形成
—— 社会理論と現代の問題・歴史・構造・意味・戦略・主体

庄司興吉

1 社会の重層的決定性

　社会はまずなによりも共同的関係性すなわち共同性である。人びとは共に生きるためにさまざまな関係性を維持している。そのなかにはすでに性差、年齢差など階層化につながりやすい関係性もあるが、人びとはそれらを自然のこととして受け入れている。富の余剰が生ずると、役割上、それらを優先的に取得し、力を持つ者も出てくるが、それも最初は自然なこととして受け入れられている。この意味で階層差は潜在的である。

　しかし、社会と社会とが遭遇し、共存することもあるが、抗争し、強い方が弱い方を併合したりするようになると、弱い方が強い方の下に置かれるとともに、強い方に潜在していた階層差も表面化してきて、社会の階層的関係性すなわち階層性が目立ってくる。このような抗争が三つ以上の社会のあいだでくり返されると、共同性が同心円状に拡大していくとともに、階層性がピラミッド状に組み上げられ、社会が大きくなるとともに立体化してくる（庄司 2016: 79-81）。

　ここで重要なことは、富の余剰の発生だけでは階層化は必ずしも顕在化されず、顕在化のためには社会間の抗争が重要な役割を果たすということである。社会と社会とのあいだに肌の色の相違のような目につきやすい差があれば、階層差はカーストとして固定しやすくなり、差が少なければ、階層差は流動的になり、それを富やそれによって生ずる力によって固定すれば階級社会が生み出されるであろう（同: 81）。

　いずれにしても社会は、社会間の抗争によって底辺すなわち共同性を広げつつ、高さすなわち階層性をあげつつ大きくなっていくが、大きくなっていく社会をさまざまな関係性の総体すなわち体系（システム）性としてまとめあげていくためには、いくつかの装置が必要である。これまでの歴史に照らして、それらの主なものは宗教、国家、市場、都市であったといえよう（同: 85-94）。

人びとはすでに言語を用いてコミュニケートしつつ生きているが、自然のなか
で自然の力に翻弄されつつ、人が生まれ、成長し、やがて死んでいくのを目撃し
つつ、共同性として皆が平等でありながら、階層化の結果不平等が生まれる矛盾
を納得するためには、それらについて語り、たがいに納得しうるだけの神話がな
くてはならない。神話をもとに、たとえば神の降誕の場が聖別され、祭りごとな
どによって、生活の場と生活そのものが組織化されてくれば、社会は宗教によっ
て統合される（Durkheim 1912=1975）。

　しかし、社会がさらに大きくなると、このような言語的コミュニケーションだ
けでは統合されがたくなり、他社会から自社会を守るために、また時として他社
会を攻撃するために、軍隊のような装置が必要になるであろう。宗教上の指導者
が世俗化されるか、あるいは別に指導者が生まれるかして、指導者は軍隊を維持
しつつ自社会内を統制するため、家産官僚制を形成する。家産官僚制は徴税機能
を兼ね備えつつ、社会維持のために必要な再分配もおこなうようになり、国家が
成立する（Weber 1921-22=1960 etc.）。

　この間にも人びとは生き続けねばならないから、互酬をおこないつつ交換をお
こなって市場を発達させる。再分配も互酬も交換も最初はすべて社会のなかに埋
もれているが、交換はなかでも社会から自立しようとしたがるため、王は市場を
宗教および／あるいは国家の面前に置き統制しようとする（Polanyi 1977=1980）。
こうして市場が大きくなれば、そこに門前町や城下町が生まれる。

　都市は、このようにして、王国あるいは帝国の中心に発達し、大きな社会は
都市と農村とのネットワークになっていくが、王や皇帝の統制がきびしいあいだ
は、商業や工業や言語的コミュニケーションに携わる市民は自立できない。古代
ギリシャでは自立しかけたが自らの生産基盤をもたなかったがゆえに、また古代
ローマでは「パンとサーカス」の消費に酔っていたがゆえに、自立できなかった
（Weber, 1921-22=1960 etc.）。

　市民たちが自立し始めたのは、王たちの誘いに乗って、あるいは王たちを唆
して大航海を始め、結果的にヨーロッパのものよりも遅れていた文明の諸社会を
征服し、それらを植民地や従属国にしつつ、自社会で市民革命を起こして王たち
から主権を奪い、市民社会を構成していったからである。市民たちは最初金持ち
市民すなわちブルジュワジーであり、その財力によって国民国家をつくり、その
軍事力で植民地従属国をも従えようとしたが、やがて自社会内部から普通選挙運
動が起こり、小市民、労働者、有色人種、女性が主権の行使に加わるようになり、
普遍市民すなわちシティズンに進化した（庄司 2016: 3-11）。

　この過程で市民たちは、宗教に代わる世界理解のために科学を発達させ、そ

れを合理的な技術と結びつけ、国家を民主主義で運営し、市場を社会から全面的に解放して世界に広げて資本主義のための世界市場にし、自社会の諸都市を発展させるとともに世界中に都市を広げて、世界全体を世界都市と都市優先の社会にしてきた。近代世界システムはこうして、世界中に広げられた市場を舞台に活動する資本主義と、そのヘゲモニーをめぐる有力国民国家の抗争からなることになったのである（Wallerstein 1974=1981）。

有力国民国家の戦争は帝国主義戦争となり、二度の世界大戦となって、そのなかから社会主義国が生まれ、社会主義世界が形成されたが、長続きせず、ソ連東欧は崩壊した。しかしその間に、有力国民国家によって植民地従属国にされていた民族がほとんどすべて独立し、それぞれに独立後の混乱を克服して、人口的にのみならず、経済的にも政治的にも大きな力を持つ新興国がつぎつぎに登場し始めた（庄司 2016: 41-51）。

市民社会を基礎とする国民国家の開発競争の結果、地球環境はすでに相当破壊されていたが、旧社会主義諸国の開発努力のうえに、独立後の旧植民地従属国の開発努力が加わったことによって、環境破壊は危機的なまでに進展してきている。人間社会が地球生態体系のなかでしか存続できないという、生態系内在性が眼に見えるようになってきている。環境に視覚化された生態系内在性である（同: 116-120）。

それとともに、個体数が75億を超えた人類の身体にも、さまざまな問題が現れ始めている。肌の色を初めとする身体的特徴による差別はなかなか解消されないうえに、医学の進歩によって長寿化しつつある身体の介護の問題が大きくなってきており、セクシュアリティの多様化を許容する社会システムの柔軟化も課題となってきている。先天的および後天的な障がい者を許容する社会システムの普遍化も課題である。これらはいわば人間身体に刻印された生態系内在性の問題である（同: 218-219）。

人間社会は、共同性（平等）と階層性（不平等）の矛盾をさまざまな装置を用いたシステム化によって克服しつつ、環境に視覚化された生態系内在性を受忍し、身体で感得される生態系内在性を共感的に容認しあいながら、地球的規模の社会を創出していかなければならない。人類的社会システムはこの意味で、地球生態系を組み込んだ社会・生態システムとなっていかざるをえず、現にそうなりつつある（同: 116-118, 125-127）。

2　21世紀社会の概要と主体形成
—— 問題・歴史・構造・意味・戦略・主体の螺旋状上向

　社会はこうして、共同性、階層性、体系（システム）性、生態系内在性（環境）、生態系内在性（身体）の重層であり、それらの重層的決定性としての総体性（高次システム性）である。社会の重層的決定性を明らかにしていくのは、社会にかんする理論の役割であるといえよう。

　つぎに社会は、具体的にはなんらかの問題として現れる。問題にはそれが現れた由来があるはずであるから、その歴史を追究していくと社会のなんらかのレベルでの構造が見えてくる。構造にはなんらかの意味があるはずであり、それを解き、転換していけば構造を変える戦略がえられる。そうすればそのことをとおして、その戦略によって構造を転換していく主体としての人間が明らかになるはずである。問題、歴史、構造、意味、戦略、主体というこの順序は、社会の重層性に即して社会の概要を明らかにすることをつうじて、その社会の主体形成を明らかにしていくためのいわば方法であるといえよう。

　理論を行、方法を列として掛け合わせると、6行6列の行列表（マトリクス）が得られる。このマトリクスを社会および社会分析の整理表と呼ぶことにしよう。この整理表を現代社会に適用したものを現代社会の整理表と呼ぶ。現代社会の整理表は、この方法でとらえられたかぎりでの現代社会の概要であり、主体形成の表現である（庄司 2016: 208-212）。

2.1　共同性についての問題・歴史・構造・意味・戦略・主体
　まず、共同性について見てみよう。

　核兵器が開発されて使用され、核軍拡競争をつうじて核戦争が起これば人類が絶滅しかねない状態になって、地球上のすべての人間が全滅の可能性を共有するようになり、核戦争を回避しなければならないという共同性のもとに、いわば世界社会が成立した。米ソ冷戦が終結して全面核戦争の可能性は後退したが、アメリカ、ロシア、イギリス、フランス、中国という核保有5カ国のほかに、インド、パキスタン、イスラエルなど核を保有している国があり、北朝鮮がアメリカに対抗するために核とミサイルを保有しようとしてきている。中東では、核を保有するイスラエルとそれを擁護しようとするアメリカなどへの反発から自爆テロが広まり、イスラーム過激派の動きと結びついて、中東からインドネシアにいたる地域、およびとりわけ欧米の主要都市でテロリズムが頻発している。これ

らが目下の共同性をめぐる問題である。

核兵器開発の歴史は明らかであり、1945年のアメリカの開発と広島長崎への使用、49年のソ連の核実験と核軍拡競争の開始、英仏中の核保有をふまえて、68年に核拡散防止条約が調印されたが、核拡散は完全には防止し切れていない。それになによりも、核兵器を保有している国が世界の安全保障に特権的な力を持つのは不公平な構造である。中国の軍事大国化、ロシアの軍事的復活なども、この文脈で起こっている（同：212-213）。

こうした情勢のもと、1996年のモデル核兵器禁止条約いらい国連を中心に続けられてきた諸努力をふまえて、2017年7月7日、核兵器禁止条約（「核兵器の開発、実験、製造、備蓄、移譲、使用及び威嚇としての使用の禁止ならびにその廃絶に関する条約」）が122カ国の賛成多数で可決された。核兵器の弁証法により戦争が事実上不可能になったなかで、核保有国が世界の安全保障に特権的な力を持つという不公平な構造の反民主主義的な意味を読み取った多くの国が、国連の場で禁止条約を多数決で可決し、各国に批准を促していくという民主主義的な戦略に出た結果である。

この条約の成立には核兵器廃絶国際キャンペーン（ICAN）が大きな役割を果たしたが、このキャンペーンには日本の被爆者も世界のヒバクシャも加わっている。核兵器の存在について対話を重ねながら人類史の存続という歴史認識の共有を図り、被爆者およびヒバクシャの苦悩を追体験しつつ、1955年のラッセル・アインシュタイン宣言をふまえて、核時代に人類の一員として生きることを決意した人間主体、すなわち世界中に広まったヒバクシャ共感的な人間たちの努力の成果である（同：227-228）。米英仏ロ中の5大核保有国はもとより、インドもパキスタンもイスラエルもこの条約には加わっていない。北朝鮮は最初賛成の態度を示したが、核とミサイルの開発に深入りするとともに不参加に転じた。日本も唯一の被爆国であるにもかかわらず、反対している。こうした経過と現状が、世界社会のさらなる形成について複雑な主体状況を生み出している。

2.2　階層性をめぐる問題・歴史・構造・意味・戦略・主体

つぎに階層性についてみよう。

問題として、世界社会の階層格差は依然としてとてつもなく大きい。アメリカでは、上位10％が所得の約半分、資産の約4分の3を占めているといわれており、人口の1％が金融資産の40％を独占しているといわれている。これにたいして、世界銀行は2015年に国際貧困ラインを1日1.25ドルから1.90ドルに変更したが、それでも世界の貧困率が10％を下回るのは困難といわれている。そのうえで、

「先進」国の内部格差が拡大するとともに、新興国の追い上げが目立ち、その内部でも格差が拡大し、途上国間でも格差拡大が目立ってきている（同：213-215）。

　この背景となってきた歴史は、社会科学のパラダイムの変革を要求するほどのものである。16世紀いらい5世紀の歴史は、欧米日列強が、大航海を発端として欧米日列強以外の全世界を植民地従属国にしつつ、「自由平等友愛」の市民社会を築き上げてきた歴史であった。アメリカもまた植民地状態から自らを解放しつつ築き上げられた共和国であったが、植民地解放は、19世紀から20世紀にかけて、植民者たちの自己解放から植民地化された人びとの自己解放へと深まりつつ広がり、20世紀の後半までにほぼすべての植民地従属国の解放へと進展した。情報化・先端技術化による「先進」国支配にも限界が見えている（同：41-51）。

　20世紀の後半をつうじてつくられた世界社会の構造は、欧米日列強が第二次世界大戦での戦勝国と敗戦国を含めて、それまでの植民地従属国支配を含む蓄積のうえに築き上げた経済成長、およびその結果としての「豊かな社会」を中心とする構造である。これにたいして、植民地解放戦争の総決算としておこなわれたヴェトナム戦争での、アメリカにたいするヴェトナムの勝利（1975年）いらい、新興工業化経済（NIEs）を超えて中国、東南アジア、インド、ブラジル、南アフリカなどの経済成長が始まり、これら新興国が欧米日「先進」国を追い上げる構造となってきた。

　本格的なポストコロニアル時代となり、電子情報的多国籍企業による「先進」国の世界支配と、その基礎および結果としての人種・民族的階層構造にも明確な限界が出てきている。欧米日「先進社会」は、20世紀の第3四半世紀から第4四半世紀にかけて、世界社会のピラミッド形階層構造の上部にダイヤ形（中太り）の中流社会を築くことができたが、新興国の追い上げでこの階層構造をアウアグラス（ひょうたん）形の階層分化構造にせざるをえなくなり、新しい貧困層を抱え込まざるをえなくなっている（前論文の図、参照）。アメリカのような多人種・多民族社会では、それがますます人種・民族的階層構造となって現れ、白人貧困層の保守化と人種・民族差別問題を再深刻化させている（同：222）。

　欧米日「先進」国を頂点とした世界的階層構造の意味は、それらが理想としてきた「自由平等友愛」の市民社会が植民地従属国をふまえて成り立っていたという点で、「民主主義的奴隷制」ともいうべきものであったということである。植民地従属国の全面解放、そのなかからの新興国の出現は、したがって、世界社会の構造の大変動であり、奴隷制を引きずっていた市民社会の、真の意味での民主社会への転換の開始である。社会学はもっとこの意味を重視し、その角度からポストコロニアル化しつつある現代社会を見なければならない（同：52-62）。

そういう角度から現代社会を変えていく戦略を見ようとすると、これまで資本主義を変えるため労働組合を強化し、その力を基礎にした政治力で社会を変えようとしてきた戦略ももちろん重要であるが、労働者や農民や消費者などがみずから事業をおこない、社会を変えていく戦略も重要になってくる。労働組合は、労働者が企業に雇用されざるをえず、企業で働くことをつうじて「搾取」されるという理論をもとにしていたが、協同組合は労働価値説や搾取の理論にこだわらず、労働者や農民や消費者などが、政治的な主権者であるだけでなく経済的にも主権者になって、自分たちの社会を経済構造の面から造りかえていく戦略につながる（同：228-229）。

　協同組合が発生したのは19世紀中葉のイギリスにおいてであるが、雇用されるのでなく、みずから事業をおこない経済構造を変えていくこの運動は、労働者の消費生活や資本主義のもとでは不利にならざるをえない農業、漁業、中小自営業などから医療、各種支援などの社会的事業に広まり、現代では大きな意味をもつにいたっている。1895年に結成された国際協同組合同盟ICAによると、現代では世界人口の少なくとも12%が300万を越える協同組合の組合員であり、協同組合は雇用者の10%を雇用し、トップ300の協同組合（グループ）の供給高は2.1兆米ドルに達して、ブラジルやカナダなど世界9位か10位の国内総生産をもつ国の経済規模にも匹敵しているという（https://www.ica.coop/en/cooperatives/facts-and-figures）。

　協同組合の活動家のことを協同者co-operatorと呼ぶが、協同者は、政治的な意味で社会をつくっていく主権者であるばかりでなく、経済的な意味でも主権者として社会をつくっていく主体である。中国を初めインドやインドネシアなど新興国の多くは、資本主義的な企業体ばかりでなく、主権者としての民衆によって運営される協同組合事業を国の経済活動の大きな柱にしている。現代社会の巨大で複雑な階層格差を克服していく主体として、協同者は21世紀の社会の主体形成のなかで大きな意味をもっていくことになるであろう。

2.3　体系（システム）性をめぐる問題・歴史・構造・意味・戦略・主体

　第三に、体系（システム）性について見てみよう。

　世界社会については、それを宗教や科学を含む思想の面から見ると、カント以来の思想や世界連邦運動のような動きはあるが、まだまだ十分ではない。しかし、市場は、16世紀以降の世界システム形成をつうじてすでに世界に広まっており、20世紀に社会主義圏ができてこの市場形成がブロックされるかに見えたが、中国は改革開放いらい独自市場を放棄し、ソ連東欧も崩壊した結果、以前にも増し

て世界的なものとなった。とりわけ、情報化をふまえて進められた電子化、すなわちコンピュータ化とネットワーク化の影響は絶大で、電子情報市場化は今や世界のすみずみまでを覆ってしまっている（庄司 2016: 128-141）。

　それをふまえて、都市化の進展もいちじるしい。世界システム形成を担ってきた欧米日の主要都市は、今やことごとく世界都市化しており、モノ、ヒト、カネを動かす情報のセンターとなっている。植民地従属国解放後、多くの途上国には内外にスラムの広がる巨大都市ができたが、新興国ではそれらの多くが再開発され、「先進」国の都市に劣らない超近代的な都市が林立するような状態になっている。

　問題はこれらの動きを統括する「国家的なもの」の形成である。理論から導かれる世界国家は望むべくもなく、現実には国際連合しかない。しかし、第二次世界大戦の結果として、主要戦勝国を中心につくられたこの組織は、核軍拡競争をつうじた米ソ対立が続くあいだ、むしろ敗戦国独日伊の経済成長に先導された資本主義諸国の経済発展が続き、そのかんにラテンアメリカにつぎアジア・アフリカのほとんどの植民地が解放されていくにつれ、それにしたがって加盟国をどんどん増やしていったものの、安全保障理事会やその他組織の改革はほとんどなしえないできた（同: 215-216）。

　歴史的に見ると、第二次世界大戦後にできた中国とソ連との対立、独日伊の経済成長にもかかわらずそれらの力を有効に生かしえないできた米英仏の力量、1964年の国連貿易開発会議 UNCTAD に77カ国が集まり、その後130国にまでメンバーを増やしてきているにもかかわらず、開発と発展への援助を求めた67年のアルジェ憲章以降見るべき成果を上げていない途上国グループ、など、いずれのグループのリーダーシップも大きな力を発揮しえていない。

　1973年の石油危機のあと、欧米日先進国は国連の枠外でフランス、アメリカ、イギリス、ドイツ、日本、イタリア、カナダの首脳会議G7を開くようになり、経済サミットと称しながら世界政治にもにらみを利かせてきた。89年に米ソ冷戦が終結し、91年にソ連が崩壊したあと、サミットはロシアをも含む形G8で定着するかに見えたが、2014年のロシアによるクリミア半島の一方的併合のあと、ロシアは再び排除されている。他方、2008年のリーマンショック後、資本主義経済の世界的危機を収拾するために、G8に中国、インド、ブラジル、南アフリカ、メキシコ、オーストラリア、韓国、インドネシア、サウジアラビア、トルコ、アルゼンチン、および欧州連合・欧州中央銀行を加えて、すでに1999年に設立されていたG20が意味をもつようになってきている。これら諸国のGDPを合計すると世界の90％、貿易総額で80％、人口で3分の2である（同: 216-217）。

こうした情勢のなか、国連は、世界社会の体系（システム）性の構造としては、世界政府といえるようなものからほど遠い。国家の最低限の機能が安全保障と最小限の再分配にある以上、拒否権をもつ5大国でしばしば動きが取れなくなる安保理と、アフリカや中東などで、さまざまな活動にもかかわらず大量の餓死者を出さざるをえないような、経済社会理事会の諸委員会しか持ちえていない国連は、限定的な意味での政府とすらいえるようなものではない。G7がいつまでもこの欠陥を克服できないのであれば、G20はもっと能動的になって国連機能の強化を考えなくてはならないであろう（同: 222-223）。

ヨーロッパのこれまでの思想では、国家の成立しえていない状態は自然状態であるが、その状態にも自然法があるはずであった。自然法すらも働かない状態の意味を、世界社会の主権者であるわれわれ民衆はどう考えるのか。中国やインドの伝統思想にまで視野を広げて、桃源郷やシャングリラなどの理想郷がもつ逆説的な意味まで検討するべきなのか。それとも、人類学者のラテンアメリカ原初社会にたいするパースペクティヴにまで遡及し、いわゆる存在論的転回をおこなって、人間と自然との一方的な主客関係まで逆転して人間社会のあり方を考え直すべきなのか（相原 2017）。

世界社会の体系（システム）性にかかわる戦略としては、われわれのもつ主権者性の展開を考えるべきである。イギリスの名誉革命で市民たちが、「王は君臨すれども統治せず」と言って王から主権を奪ったとき、市民たちはブルジュワとして豊かであったがその範囲は限られていた。これにたいして、19世紀の半ばから、小市民、労働者、少数民族、女性たちによって主権者の範囲を広げて普遍化する運動が起こり、20世紀の半ばまでに欧米日「先進」国は普遍市民の社会になった（庄司 2016: 11-20）。これにたいして、19世紀から20世紀にかけて市民社会に支配されていた植民地従属国で自己解放運動が起こり、20世紀の最後の四半世紀までにそのほとんどが独立し自立したのである。

先頭に立つ中国を初め新興国のなかには、必ずしも明確に、民衆が主権者として主体化されていないのではないか、と疑われる国がある。しかし中国でも、人民に主権があることは明らかであり、問題はその主権者性を具体化していく制度である。この点にかんしてわれわれは、欧米日「先進」国に普及している普通選挙と複数政党の制度が問題なく正しい、と一方的に思ってはならない。2016年に起きたイギリスのEU離脱の国民投票や、アメリカの大統領選挙におけるトランプの当選がそのことを示している。

主体としての主権者の統治範囲は、今のところ国民国家が基本で、その内部の地方自治体などに及んでいる程度であり、ヨーロッパ連合のように国際地域社会

にまで及んでいる場合は少ないが、主権者はこれから、それぞれの関連する国際地域社会にも主権の行使を及ぼしていくばかりでなく、最終的には国連の改革などをつうじて世界社会にまで主権を及ぼしていこうとしなければならない。そのために、植民地主義と戦争について学び合い、加害者意識と被害者意識を明確にしあいながら、各地域で歴史認識の共有を図っていくとともに、それらをつうじた世界史認識の共有が必要になってくるであろう（同: 229-231）。現代社会の体系（システム）性への模索が、世界中の人びとに、各レベルでの主権者性を高めざるをえなくさせるような、主体形成が進められていかなければならない。

2.4　生態系内在性（環境）をめぐる問題・歴史・構造・意味・戦略・主体

第四に、生態系内在性（環境）について見てみよう。

欧米日「先進」国の経済成長とそれに対抗した旧社会主義国の成長政策の結果すでに地球環境は危機的なまでに汚染されており、1992年のリオデジャネイロ地球サミットで採択された気候変動枠組条約をふまえて締約国会議Congress of Partnersが続けられてきたが、中国を初めとする新興国の経済成長が続くなか、温暖化を焦点とする地球環境悪化の問題はますます緊迫の度を強めている。2015年のパリ協定で、今世紀末までの気温上昇を2度できれば1.5度未満に抑え、今世紀後半に温室効果ガスの排出と吸収を均衡させるという基本目標が設定され、2016年にモロッコのマラケシュ、2017年にドイツのボン、2018年にポーランドのカトヴィツェ、2019年にスペインのマドリードで、その具体化のために会議がおこなわれてきているが、状況は楽観を許すものではない。

人類が核兵器を完全に管理し、最終的に廃絶して生き残れるかどうかもいまだ定かではないが、核戦争による絶滅を回避するという共同性によって成立した世界社会は、地球環境の悪化によって、地球生態系を内化し、それと共に生きていくという、社会システムの社会・生態システム化を進めなければ存続していけないであろうことがはっきりしてきた。地質学では、20世紀後半以降の人間の活動が地質にまで深刻な影響を及ぼしていることが認識され、更新世、完新世に次いで、1950年ころから「人新世Anthropocene」が始まったという議論がなされてきている（篠原 2018）。

私は、核兵器の出現をふまえて、地球上に住むすべての人間からなる世界社会を考え、世界社会と地球環境という問題設定を考えたが、地球環境の悪化をふまえてそれをさらに、社会・生態系としての地球社会とそれを載せる地球という問題設定に進化させてきた。産業公害が都市公害に広がり、全国公害となって「先進」国から旧社会主義国、新興国、途上国へと広がって地球環境問題となっ

てきた歴史がその背景にある（庄司 2016: 217-218）。

　この歴史をつうじて展開されてきた産業主義的資本主義と「消費社会」を生み出す都市的生活様式、それらによる地球収奪をつうじての地球生態系の容量の可視化が、このレベルにおける現代社会の構造である。産業廃棄物と生活廃棄物とは各国社会の内部では処理され切らず、海洋に投棄されて深刻な海洋汚染をもたらしている。再生可能エネルギーへの転換が推奨され、太陽光発電、風力発電、波力発電、地熱発電、バイオマスなどの生産が試みられているが、取り組みにはまだまだ問題がある。そのうえに原発事故の可能性が加わる。1979年のスリーマイル島、86年のチェルノブイリ、2011年の福島に次いで大規模事故が起こったばあい、地球社会は耐えられるであろうか。

　地球環境問題を引き起こしている構造の意味ははっきりしている。化石燃料と原子力に依存する産業資本主義と都市的生活様式、マルクスの言った「近代ブルジュワ的生産様式」の延長としての近代的生産・生活様式という、人間解放を口実にした欲望無限追求行為、は止揚されなければならない。新興国を引っ張っている中国やインドの伝統思想には、こうした欲望無限追求行為を戒める倫理思想や宗教思想がある。中国もインドも近代化的産業化の奔流にさらされているが、やがて自らの文化遺産に気づかざるをえなくなるであろう（同: 223-224）。

　地球環境の危機を乗り越える戦略は、すでに科学者やNGO, NPOなどによってばかりでなく、現代の先端的な企業そのものによって打ち出されている。国や企業によっては、太陽光、風力、水力、地熱などの最大限利用が試みられるとともに、電力の貯蔵や効率的輸送の技術が開発され、IT技術によるそれらのもっとも効率的な利用が試みられている。石炭や原子力にこだわり、こうした方向への転換を思い切ってなしえていない日本や日本の企業などは、取り残されつつある。こうした方向への転換は、韓国や中国などの新興国からインドやインドネシアなどにも波及しつつある（Schneider et al. 2019）。

　地球環境の危機を感得し乗り越えていこうとする主体は、人間がこの地球生態系のなかでヒトであることを意識する主体である。中国やインドの伝統思想のなかにもそういう側面はあるが、人類学者のいう存在論的転回は、人間と自然との等価性と逆転可能性を説くことによって、もっと端的にそういうことを教えてくれているともいえる。いずれにしても、原子力のような不完全技術を避け、生きとし生けるものへの共感と環境感覚をもって、自然調和的な文化を生かしていくヒト的人間が、これからの地球社会を支えていくことになるであろう（庄司 2016: 231-232）。

2.5 生態系内在性（身体）をめぐる問題・歴史・構造・意味・戦略・主体

第五に、生態系内在性（身体）について見よう。

地球生態系のなかでヒトであることを意識せざるをえない人間は、具体的には個々の身体であり、人種、性別、年齢、障がい、セクシュアリティなど、個人では変えられない属性にかんする問題に直面している。地球社会のなかで、これらの属性にもとづく差別の問題が、さまざまな形で身体的社会問題を引き起こしている。

歴史的に見ると、「自由、平等、友愛」を掲げた市民社会は、無意識のうちに白人男性を念頭においており、有色人種、女性、年少者（子供）や高齢者、障がい者、セクシュアリティの多様性などを考えていなかった。アメリカの奴隷解放をつうじて人種差別が問題になり、参政権運動をつうじて女性差別が問題になり、20世紀に入ってこれらが糾弾されるようになって初めて、少子高齢化の進展を背景にして年少者の虐待問題や高齢者の処遇問題、障がい者処遇の正常化（ノーマリゼーション）とともに差別と処遇の問題、および多様なセクシュアリティの容認なども問題になってきた。

アメリカでは、過去の公民権運動とその成果としての公民権法にもかかわらず、アフリカ系の人びとにたいする差別が続けられており、その影響が地球社会規模に広がっていくことが懸念されている。欧米「先進」国を中心に経済界でも政治の世界でも女性解放は進んだが、日本のように、職業的構造のなかでも政治の世界でも、新興国や途上国に比べてもまだ遅れている国もある。途上国にかぎらず、子どもの貧困や虐待もひんぱんに起こっている。「先進」国にかぎらず新興国や途上国の一部にまで高齢化が広がっているから、高齢者の処遇も今や世界的な問題である。障がい者やセクシュアリティの多様性への対策も含めて、地球社会には身体的差異にもとづく差別の構造がまだまだ残っている。

地球環境問題の深刻化は、市民社会の理想であった「自由、平等、友愛」が人間中心のエゴイズムで、人間が自分たちを生かしている地球生態系のことを考えていなかったことを暴露した。地球社会が生き残ろうとするのであれば、これに自然との調和、具体的には地球生態系との調和を加えなければならない。これにたいして、地球社会に広がっている身体的差異にもとづく差別の構造は、人間がコミュニケーション的多身体としての社会のなかで、人間解放のための豊かな人間的自然（資源）を十分に利用できておらず、いまだに「友愛」の意味を理解しえていないことを暴露しているのである。人類学でいう存在論的転回にまでいくまえに、人間は自分たち内部の身体的差異を理解し、そのうえでの友愛の実現を考えなければならない。

地球社会の構造に即して友愛を実現していく戦略は、1960年代以降のアメリカで展開されてきた差別撤廃行為（アファーマティヴ・アクション）のグローバル化である。その基礎として移民の流れをプラスに評価し、各国社会で人種混淆が進み、多くの職種での女性登用が積極的におこなわれ、年少者と高齢者がていねいに処遇され、障がい者やセクシュアリティの多様性を尊重する行為が制度化されていかなくてはならない。身体的多様性を尊重しあい、差異を超えたコミュニケーションをくり返していく人間こそ、地球生態系のなかでヒトである主体の本当の意味で高次化された姿であろう。

2.6 総体性（高次システム性）をめぐる問題・歴史・構造・意味・戦略・主体

最後に、総体性あるいは高次システム性のレベルから見てみよう。

私たちは、人類として、絶滅につながりかねない核戦争を防止するだけでなく、その可能性をなくし、地球生態系のなかでヒトとして、身体の多様性を認めあう友愛を維持しながら、生き残っていくことができるであろうか。あまりにも大きな階層格差を修正していくことができるであろうか。それらのために、世界社会さらには地球社会に思いをいたす思想を共有し、国連を世界政府および地球政府に少しでも近づけつつ、世界中に広まってしまっている電子情報市場を制御し、都市も農村もどこででも人間らしく暮らせるような社会を実現していくことができるであろうか。社会学的にみて、人類が直面している問題はこんなふうにまとめることができるのではないか（庄司 2016: 235-239）。

私たちは、長い戦争の歴史の結果として核兵器を開発することになり、核軍拡競争が展開されて、実際に核戦争が起これば絶滅するかもしれないことが見えてきて、生き残るという共同性を基礎に世界社会を形成していかなければならないことを思い知らされた。戦争のための兵器が戦争を不可能にするという核兵器の弁証法である。それを悟って、冷戦をやめて共存していかなければならないと思ったら、これまでの開発で地球環境が危機的なまでに破壊されてきており、地球生態系を内部化して社会システムを地球社会という社会・生態システムとして再編していかなければならないことが分かってきた。産業主義と都市開発、いわば近代的生産・生活様式の弁証法である。欧米日「先進」国もそれを追い上げてきた新興国も途上国も、すべてその歴史のうえに乗っている。

地球社会では、中国、インド、東南アジア、ブラジル、メキシコ、東アフリカなどが急速な経済成長を続けてきており、米欧日「先進」国が20世紀後半までにつくりあげてきた経済構造と政治秩序が根底から変更されつつある。移民の流

れが恒常的に強まりつつあり、中東やアフリカではしばしば難民の激流が発生して、欧米社会が揺さぶられている。電子情報市場化された世界でICTを用いた多国籍企業が活動しているのはいうまでもないが、それらのなかにも韓国や中国の有力企業が入り込んできている。こうした経済構造を基盤に中国の政治的な力が強まってきており、東アジアを中心に地球社会の構造が根本的に変わってきている。中国が提唱している「一帯一路」構想をめぐる議論も、これからの世界に大きな影響を及ぼしていくことになるであろう。

　地球社会の構造が、このように基礎としての経済から大きく変容されようとしていることの意味は大きい。欧米日「先進」国が20世紀中葉までに造りあげた市民社会中心の構造は、植民地従属国を踏み台にしてきた「民主主義的奴隷制」であったが、中国の構想する「一帯一路」が、カシミール地域に配慮していないというインドの意見なども考慮に入れて、中国を経済成長の面から猛追しつつあるインドとの協議のうえに具体化されていけば、大西洋・太平洋中心の経済圏構想がユーラシア大陸・インド洋中心の構想にシフトしていく可能性はあるであろう。世界社会および地球社会の構造が欧米白人中心のものから、アジア系を中心にして多人種競合的な構造に変わっていくとしたら、その意味は大きいであろう。

　中国について、その経済成長とともに大国主義的になり、覇権主義的になってきているのではないか、という批判的な見方がある。しかし、日本との関係で過去をふり返ると、中国は、日本が中国の東北部に満州という傀儡国家をつくり、中国全土を侵略しようとしたのにたいして、日本の敗戦後はその戦争責任にたいしてきわめて寛大な措置をとり、戦犯とされた人びとのほとんどを軽い罰で帰国させ、「日本の中国侵略は日本人民の罪ではなく帝国主義者の罪である」という立場から人民同士の友好を期待して、日中国交正常化のさいにも日本に過大な賠償を請求しなかった（大澤 2016）。

　日本は過去の植民地主義的帝国主義的行為を率直に認めて謝罪しつつ、朝鮮半島と中国に望めば、朝鮮半島の人びとや中国から真に人民同士の友好を基礎にしたこれからの関係性について、積極的な反応を得られる可能性がある。そうすれば日本は、欧米「先進」国にたいして、過去の植民地主義的帝国主義的行為を反省し、転換しつつある世界社会および地球社会の構造形成に生かすよう、働きかけていくことができるであろう。イギリスやアメリカにかぎらず、21世紀に入って目立ってきた欧米市民の生活防衛的自国防衛的投票行動は、市民たちの歴史認識の不十分さに起因している。市民たちの歴史認識を深めつつ、雇用者および協同者として能動的に事業をおこないながら、主権者意識を強化しつつヒトとして他の動植物と共生を強めていくことこそが、大転換しつつある世界社会と地球社

会についてのもっとも有効な戦略である。

　そのために、日本人にかぎらず世界社会と地球社会の人びとは、被爆者とヒバクシャの心情を思いやってたがいに不戦を誓い、あらゆる場面で階層格差の縮小に努め、そのために国民国家や地域社会についてのすでに取得している主権を有効に行使するだけでなく、国際地域社会から始めて世界社会や地球社会にまで主権を拡張しようとし、地球生態系のなかでヒトであることを忘れず、ヒトおよび人間としての身体的多様性を認めあう友愛の精神をつねに思い起こし、それらの総合としての新しい主体になっていかなくてはならないであろう。この意味で21世紀社会は、政治的に民主的で経済的に協同的な社会に向かわざるをえない。概要を見てきた21世紀社会は、このような社会の主体になるために、人間が重層的に自己形成をおこなうよう迫ってきているのである。

3　21世紀社会の概要（マトリクス）と主体形成

　以上を先に提起した整理表（マトリクス）にまとめると次頁のようになる。

　世界社会成立の意味、地球社会への深化の意味、欧米日「先進」国の経済的政治的支配構造の終焉、中国を先頭とする新興国の台頭、大西洋・太平洋中心の経済圏からユーラシア・インド洋経済圏への可能性、中国やインドの文明力の可能性、地球生態系のなかでヒトとして、身体的多様性を認めあいつつ友愛の真の意味を極めていく人間の可能性、などに言及した。

　前論で、21世紀社会の「ニューノーマル」と見られる現象として、世界的、とくに欧米主要都市でのテロの頻発、イギリスのEU離脱やトランプ大統領を生み出した投票行動、中国の東シナ海、南シナ海での動きと北朝鮮の核ミサイル開発と朝鮮半島非核化の動き、を挙げた。北朝鮮の核ミサイルについては交渉が始まっている。テロの頻発については、アメリカが、対イスラエル政策をアラブ、欧米その他世界と協調できるものに戻し、パレスティナ民衆の権利とアラブ世界の民主化を擁護する政策を確立するよう、他世界は動いていかざるをえないであろう。

　欧米「市民」の生活防衛的自国防衛的投票行動については、「先進」国の地盤沈下が階層分化を引き起こしていることが直接の原因であるが、地盤沈下を引き起こしている新興国の台頭はこの5世紀の世界史の流れを逆転させるものであるだけに、深刻で不可逆的なものである。欧米「市民」は冷静な議論をつうじて、この大きな歴史的転換を理解し、適応していく以外にないであろう。

　中国が示しつつある人権感覚については、日本が、過去の植民地主義的帝国主

表　現代社会と主体形成：整理表（マトリクス）による総括（2018年7月、2020年1月加筆）

方法 理論	問題	歴史	構造
共同性	核戦争を防止し、人類生存の基礎を確保しなければならないなかでの、グローバル・テロリズムの広がり、核兵器使用の可能性	原爆開発、米ソ核軍拡競争、英仏中の核保有、インド・パキスタンの核保有、イスラエルの核保有、北朝鮮の動き	米ロ英仏中およびインド、パキスタン、イスラエルの核保有による安全保障上の特権的位置とそれに加わろうとする北朝鮮の動き
階層性	世界的な巨大な格差、新興国の成長と追い上げによる「先進国」の内部格差拡大、新興国内部および途上国間などでの格差構造の複雑化	植民地解放のほぼ完遂、従属国の自立、新興国の台頭および追い上げで、情報化・先端技術化による「先進」国支配の限界	電子情報的多国籍企業による欧米日「先進」国の世界支配、その基礎および結果としての人種・民族的階層構造、新興国の成長によるその変容
体系 （システム）性	国連の弱体に集約されている、国際紛争、国際問題、国境を越えた問題を解決するための世界的政治および経済・社会機構の未発達	冷戦の終結後に見合う国連改革の失敗、ロシアの独走によるG7とG8の揺れ、G20創出の意義と不徹底	最低限の安全保障と最小限の再分配をおこないうる世界政府の不在のもとでの、大国の軍事力と経済力をもとにした支配、それに対する新興国他の抵抗
生態系 内在性 （環境）	地球的規模に拡大し、原発事故ともからんで、温暖化問題として深刻化している環境破壊、地球生態系の危機	産業公害から都市公害をへて全国公害へ、「先進国」から途上国、新興国へと広がってきて、原発事故と地球全体の温暖化へ	「先進」国に新興国、途上国が加わっての地球収奪による地球生態系の容量の可視化、温暖化による地表面と社会の変化、人新世の提唱
生態系 内在性 （身体）	新興国から途上国にまで広がりつつある人種、性別、年齢、障がい、セクシュアリティをめぐる差別などの身体的社会問題	「先進」国、新興国および途上国での人種混淆、女性化、少子高齢化、ノーマリゼーション、セクシュアリティ容認の進展	「先進国」、新興国、途上国での、人間身体の人種、性別、年齢、障がいの有無、セクシュアリティの差異をめぐって、依然残る差別の構造
総体性 （高次システム性）	核戦争を防止し、格差を縮小しつつ、自然と調和し、多様性を認め合う友愛を実現していけるか、そのための国際組織、地球管理機構を実現できるか	二度の世界大戦、米ソ対決、植民地・従属国の独立と新興国の出現、をつうじて作用した、核兵器の弁証法と近代的生産・生活様式の弁証法	収奪される地球生態系を基底に、世界的階層構造をふまえて、超大国、新興大国、多国籍企業、のヘゲモニー抗争。「一帯一路」構想などによるユーラシア、インド洋浮上の可能性

注：この表は、著者が、地球社会の概要を把握するため、1990年代以降模索を続けてきた社会学的努力の所産である。国民国家および国際関係を超えて、人類の生きる社会を総体、すなわち世界社会と地球環境とを超えた社会・生態系としての地球社会として把握するためには、社会学における理論と方法の

意味	戦略	主体
核兵器の弁証法による戦争の不可能化、にもかかわらず核保有国が安全保障上特権的地位を持つという不公平性	国連をつうじて、各国が平等に核兵器廃絶への道を歩まねばならないという、核兵器禁止条約の成立と各国の批准への動き	対話をつうじて歴史認識の共有を図り、核時代に人類の一員として生きる被爆者・ヒバクシャ共感的人間
西洋近代市民社会の自由・平等・友愛と矛盾する「民主主義的奴隷制」の基本的崩壊、その真の意味での民主主義への移行の必然性	労働組合運動に加えて協同組合事業やNGO, NPO、などをつうじて主権者が経済的にも民主主義を強化して、階層構造を変革していく	政治的民主主義によってばかりでなく、経済的にも、雇用者としても協同者としても、民主主義的な事業で社会を創造していく人間
なお残る地球的規模の自然状態、その克服を志向する「先進」大国および新興大国の努力不足、世界社会運動の不十分	主権者意識を、各自社会について強化するとともに、地球社会にまで拡大しつつ、世界政府的組織を追求していく	植民地主義と戦争について正確な歴史認識を持ち、被害者性と加害者性を意識して地球社会の各レベルでの主権者をめざす人間
産業資本主義と都市生活の根底にある主体解放・欲望無限追求行為の行き詰まり、人間活動が地層にまで影響する人新世の開始	脱近代的・脱産業的生産・生活様式の積極的創出、とりわけ自然（再生）エネルギーの積極的利用、転換をできるかぎり進めて経済効率を上げる	地球生態系の一部であることを意識し、生きとし生けるものへの共感と環境感覚をもって、自然との調和に生きるヒト的人間
コミュニケーション的多身体としての人間社会で、人間を解放する内容豊かな人間的自然（資源）を活用し、人間間の友愛を実現する必要性	多様性の容認と、あらゆる差別の撤廃、それを具体化する差別撤廃行為（アファーマティブ・アクション）の世界的展開	身体的多様性を容認しあい、コミュニケーションをつうじて、友愛の意味を実現し、自然との調和につなげていく人間
欧米日市民社会中心の構造、すなわち「民主主義的奴隷制」から、ユーラシア・インド洋中心の、アジア系を中心に多人種競合的な構造に変わっていく意味	人民同士が歴史認識を深めあい、共有し合って、雇用者および協同者として事業を展開し、主権者意識を強化し拡大しつつ、ヒトとして他の動植物と共生を強めていく	人類の一員、格差解消、主権者性拡大、ヒトとしての多様性容認、および友愛志向の仲間意識で、民主協同社会を築いていく人間

吟味が繰り返し必要とされる。その意味でこの表は、庄司（1999, 210-11; 2016, 236-37）および庄司編著（2009, 108-09）の延長上にあり、本書と同時に刊行される庄司（2020, 174-75）につながっている。

義的行為を反省する歴史認識をきちんと持ち、朝鮮半島や中国の人びとと真摯な対話ができる状態をつくりだしたうえで、過去の例を取り上げて議論していくことが重要である。日本が朝鮮半島の人びとや中国とこの点で議論できるようになれば、欧米「先進」国にたいしても、過去の世界支配にたいする責任問題を提起していくことができるようになるであろう。

　地質学者の言う人新世に入った人類史のなかで、ヒトとして、身体的多様性を認めあいつつ友愛の意味を確かめながら、世界社会および地球社会の各地に民主協同社会を築き上げていくことこそが、21世紀社会における人間の任務なのである。

【文献】

相原健志, 2017,「人類学の存在論的転回における概念創造という方法と問題 —— 創造から他律的変容へ」『慶應義塾大学日吉紀要、言語・文化・コミュニケーション』No.49.

Durkheim, É., 1912, *Les formes élementaires de la vie religieuse: le systeme totémique en Australie*, Paris: F. Alcan, P.U.F., 1960（=1975, 吉野清人訳『宗教生活の原初形態』岩波文庫.）

大澤武司, 2016,『毛沢東の対日戦犯裁判 —— 中国共産党の思惑と1526名の日本人』中公新書.

Polanyi, K., 1977, *The Livelihood of Man*, New York: Academic Press.（=1980, 玉野井芳郎・栗本慎一郎訳『市場社会の虚構性 —— 人間の経済』岩波書店.）

Schneider, M. et al.（田窪雅文訳）, 2019,「絶滅寸前のテクノロジー種」他「特集：原子力産業の終焉」『世界』2019.7. 岩波書店.

庄司興吉, 1999,『地球社会と市民連携 —— 激成期の国際社会学へ』有斐閣.

庄司興吉, 2016,『主権者の社会認識 —— 自分自身と向き合う』東信堂.

庄司興吉編著, 2020,『主権者と歴史認識の社会学へ —— 21世紀社会学の視野を深める』新曜社.

庄司興吉編著, 2009,『地球社会と市民連携 —— 激成期の国際社会学へ』東信堂.

篠原雅武, 2018,『人新世の哲学 —— 思弁的実在論以後の「人間の条件」』人文書院.

Wallerstein, I., 1974, *The Modern World System: Capitalist agriculture and the origins of the European world-economy in the sixteenth century*, New York: Academic Press（=1981, 川北稔訳『近代世界システム —— 農業資本主義と「ヨーロッパ世界経済」の成立』岩波書店.）

Weber, M., 1921-22, *Wirtschaft und Gesellschaft*, 4.Aufl., 2 Bde., 1956, 5.Aufl., J. C. B. Mohr,1972.（=1972, 清水幾太郎訳『社会学の根本概念』岩波文庫；1960, 62, 64, 70, 74, 世良晃志朗訳『支配の諸類型』『法社会学』『支配の社会学』1・2『都市の類型学』創文社；1975, 富永健一訳『経済行為の社会学的基礎範疇』中央公論社；1975, 厚東洋輔訳『経済と社会集団』中央公論社；1976, 武藤一雄・薗田宗人・薗田担訳『宗教社会学』創文社；1954, 濱島朗訳『権力と支配』みすず書房；1967, 安藤英治・池宮英才・角倉一郎訳『音楽社会学』創文社など.）

社会学にとっての時代の課題と解決策
—— 不寛容社会を題材として

赤堀三郎

1　はじめに

「日本の社会学はどこまで時代の課題と取り組み、新時代にふさわしい解決策を出しえてきているであろうか?」(庄司 2016: 11)

　本論は、この問題提起に答えることを目指している。意外と扱いが厄介なのが「日本の社会学」というフレーズであるが、これに対して本論では次のような立場をとる。

- 「日本の社会学」に限ったことではないが、ここで用いられている「日本」という言葉は、ある主体 —— 日本語を操り、日本語で考え、論文を書くような主体 —— が自らを区切り、限定するという機能をもつ道具である。「日本の社会学」とされているものは、そのような主体の思い込みの産物である。
- このことを念頭に置きながらも、あえていえば、まず、「日本の社会学」にとって重要なのは自分が「日本の社会学」であるという思い込みを脱すること、自らが自らに設定した限界を脱すること、である。そして、「日本の社会学」がなすべきことは、世界的な学術共同体への知的貢献である。
- 「日本」を前面に出しながら、世界的な学術共同体をめがけて「社会学する」にはいくつかの選択肢がありうるが、本論では次のような道をとる。すなわち、「日本」にかかわる何らかの特殊事例から出発しつつも、「時代の課題」や「解決策」といった普遍的な(つまり、「日本」に限らない)主題に関して、何らかの一般的な(つまり、世界に通用する)知見を示すという道である。

　以上の考えを実践するために、本論では、2016年ごろから日本で使われるようになってきている不寛容社会という言葉を取り上げる。そしてこの言葉の使用

に関して、すでに存在するある種の社会学的観点を適用することによって、「日本」から出発しながらも、文明化や近代化全般を扱う道具づくり（認識枠組の探究）に関して普遍的な含意を引き出せるのだ、という可能性を示唆する。

2 不寛容社会

2.1 不寛容社会の発見

不寛容社会という言葉を扱うと述べた。とはいっても、本論の関心は、日本が以前と比べて不寛容になっているかどうか、どのように不寛容になっているか、不寛容がみられるのは日本だけかどうか、といったことを検証することにはない。その代わりに、まずは、不寛容社会とはどのような言葉か、社会の不寛容さがどのように語られているかといったことから概観する。

2016年6月、NHKは「わたしたちのこれから〜＃不寛容社会」というタイトルの特別番組を放映した（『NHKスペシャル』2016年6月11日）。NHKのウェブサイトには、この番組の内容について次のように書かれている。

> 週刊誌の報道をきっかけに人気タレントに集中する批判。インターネットやSNSにあふれるバッシングや炎上。相いれない主張がエスカレートし、対立構造が先鋭化する社会に、息苦しさを感じるという声が多く聞かれるようになった。専門家は、このままでは日本社会全体が萎縮してしまうと警鐘を鳴らす。なぜ、いま"不寛容な空気"が広がっているのか？　冷静な議論のためには何が必要なのか？　専門家や市民と共に徹底討論する。[1]

この番組では、NHKが独自に行った世論調査データに基づいて、「子どもの声はうるさいので、近所に保育園ができるのには反対だ」「大きな災害が起きたときは、インターネット上に、楽しそうな写真や文章を投稿するのは不謹慎だ」といった意見への賛否を問うていた。番組が「不寛容社会」という言葉で言い表そうとしたのは、他人の過ちや欠陥が許せないとする風潮である。それはインターネットないしSNSの普及によってもたらされたものであり、それ以前はそこまで大きな問題とはみなされてこなかったとも付け加えられている。

この番組の影響かどうかはわからないが、この翌年（2017年）には「不寛容」という言葉を用いた書籍が立て続けに刊行されている。たとえば谷本（2017）、西田（2017）、森達也（2017）、真鍋（2017）がそれらである。それぞれ内容は異なってはいるが、上述した「他人の過ちや欠陥が許せないとする風潮」を扱って

いるという点では共通している。

　ここでは、これらの書籍に関して厳密にテキストマイニング等で分析を行ったわけではない。だが一見しただけでも、不寛容とともに登場する言葉として、「息苦しさ」、「萎縮」、「インターネット」、「SNS」、「批判」、「バッシング」、「炎上」といったものが挙げられるだろう。「エスカレート」、「先鋭化」といった急激な変化——というか暴走——を表す言葉も見逃せない。これらの言葉は、先ほど引用したNHKの番組内容紹介でも用いられている。他には「感情的」、「攻撃的」など。不寛容社会のイメージは、これらの語彙が示しているものと密接にかかわりをもっている。

2.2　本論の立つ視座 —— セカンド・オーダーの観察

　本論は、社会の不寛容さをデータで検証したり、道徳的・倫理的見地から嘆いたり非難したりするものではない。本論の関心は、セカンド・オーダーの観察という社会学的視点の導入によって、不寛容社会という時代診断が「別の意味で」——つまり社会学にとって——興味を引く題材になりうる、ということを示すところにある [2]。

　では、セカンド・オーダーの観察とはどのような立場か。セカンド・オーダーを説明する前に、まず、ファースト・オーダーについて述べる。「AはBである」といった形をとる言明をファースト・オーダーの観察とおく。そうすると、たとえば、「社会が不寛容である」、「社会に不寛容さが広がっている」といった言明はファースト・オーダーの観察である、ということになる。これに対して、ファースト・オーダーの観察を観察することがセカンド・オーダーの観察に相当する。セカンド・オーダーの観察は、「『AはBである』という観察が、Cという観察者によってなされている」という形をとる。言い換えれば、「誰が（何が）」、「どのように」、「何のために」を観察しているのかを問えば、セカンド・オーダーの観察になる。

　これを不寛容社会へと当てはめていえば、「不寛容社会とは〈何か〉」がファースト・オーダーの問いだとすれば、「〈誰が〉、〈どのように〉、〈何のために〉不寛容社会を観察しているのか」といった問い方をすれば、ひとまず、不寛容社会へのセカンド・オーダーの観察を行ったことになる。

　さて、ここで、さらに「誰が（何が）」観察しているのか、「誰が（何が）」観察者であるのか、という点に関して、ある特殊な発想を導入してみたい。「誰が（何が）観察しているのか」という問いの答えとして、社会システムsocial systemsが観察者である、と考えるのだ。このような考え方をとるのは、システ

ム理論の立場である。社会学におけるシステム理論の立場を指して、ここでは社会学的システム理論と呼ぶことにしよう。

　通常は観察者というものを、具体的な人間だと考えるだろう。具体的な人間という考え方も十分に抽象的なのではあるが――男か女かどちらでもないか、マジョリティかマイノリティか、キリスト教徒かイスラム教徒かどちらもでもないか、等々はとりもなおさず抽象だ――その点は措いておこう。

　本論が立脚する社会学的システム理論の観点から見れば、観察者は人間ではない。「社会システム social systems」だということになる。

2.3　社会システムという観察者

　「社会システムは観察者である」、こう述べてみても、「観察するのは具体的な人間であって社会のわけがないだろう」と一笑に付されて終わるのが関の山かもしれない。だが少し立ち止まって考えてほしい。「観察するのは人間だけ」。「社会は観察なんかするわけがない」。そんなの当たり前ではないか。常識にとらわれているうちは、新しい視点は切り拓けない。「社会」を見ようとすれば、天動説から地動説への転換と同程度の認識の切り替えが必要だ。これを、コペルニクス的転回とも呼びうるだろう。

　ここでいう「社会システムという観察者」がどのようなものであるかについてはすでにニクラス・ルーマンがさんざん述べている。赤堀（2016）でも簡単な説明を試みた。その骨子についていえば、「社会システムという観察者」とは、何らかの意味をもつコミュニケーションである（正確を期していえば、コミュニケーションが織りなす「システム」だ、ということになる）。

　「社会システムはコミュニケーションからできている」と述べただけで終わっては不親切にすぎる。ここで問おう。コミュニケーションは、ある個体の頭の中でのみ生じている出来事だろうか。答えは否である。誰かの頭の中で起こっていること、考えていること、感じていることは、他者に直接には伝わらない。他者の頭の中に飛び込んではいかない。この意味では観察不可能だ。声に出したり、ジェスチャーしたり、文字に書きとめたりすることで、ようやく他者に何かが伝わる。つまり観察可能になる。その他者の頭の中で起こっていることも、同様に、さらに別の者にとっては直接知ることはできない……以下同様。いずれにしても、観察可能なのは個体の頭の中で起こっていること（思考、意識）ではない。語られていること、書かれていること、等々（メッセージ）のほうである。ある個体が抱く、怒りや悲しみといった感情も、さまざまな意見や価値観も、個体の外側で表明されていてこそ他者にとって観察可能になる。

本論ではここまで、観察という言葉を説明抜きに用いてきた。本論が立脚する社会学的システム理論の立場では、観察という言葉は「区別に基づく指し示し」として厳密に定義されている。たとえば真か偽かという観察は真／偽の区別に基づいてなされ、善か悪かという観察は善／悪の区別に基づいてなされる。このように観察という言葉を広い意味で捉え、認知活動と呼びうるもの全般に拡張すれば、観察者observerという言葉もまた、人間に限らず、何らかの認知機能をもつ「システム」全般（言い換えれば「観察するシステム」全般）について用いることができる。社会学的システム理論でいう社会システムsocial systemsもまた、ここで言う意味での「観察するシステム」である。

　こうしてみると、マスメディアを通して目にしたり耳にしたりする言説、あるいは身の周りの人々と交わす会話、その他もろもろにおいて日々生じる何らかの意味の構成は「個体の外にあるコミュニケーション」によって行われていることがわかる。それこそが、「社会システムの観察」である。言い換えれば、「私」が「私」の外側において何らかの意味の構成を見出すとき、その意味を構成している観察者は「私」ではない。社会システムが観察しているのであり、「私」は社会システムが観察しているのを観察しているのである。

2.4　不寛容社会へのセカンド・オーダーの観察

　以上を踏まえて、不寛容社会へのセカンド・オーダーの観察に立ち戻る。

　先ほど言及したように、「〈誰が〉、〈どのように〉、〈何のために〉不寛容社会を観察しているのか」と問うてみよう。

　まず「誰が（何が）」という点については、社会学的システム理論の立場からは当然、不寛容社会を観察している観察者は社会システム（意味を構成するコミュニケーションからなる「システム」）だということになる。重要なのはそれが「どういう社会システムか」なのだが、これについては後ほど改めて触れる。次に、「どのように」不寛容社会が観察されているかという点。これについては、「区別に基づく指し示し」という観察の概念を踏まえていえば、ひとまず「寛容／不寛容」の区別に基づいて観察されている、ということになる。

　さらにいえば、「不寛容社会は新しい現象として観察されている」、「不寛容社会は問題として観察されている」、「不寛容社会は感情的、攻撃的なものとして観察されている」、そして「不寛容社会は、何らかの興味をそそる（情報価値がある）対象として観察されている」といったことが指摘できる。

　セカンド・オーダーの観察という視点を導入することの利点は、ファースト・オーダーの観察の水準では隠され、見えにくくなっていること（これを指して、

システム理論では、比喩的に「盲点」と呼ばれることがある）が、はっきりと見えるようになることである。社会の不寛容さは、それが本当に新しいか新しくないかという議論を抜きにして、とにかく新しい現象とされており、そして「息苦しさ」や「萎縮」をもたらすものとして問題視されている。なぜ問題かというと、それは感情的で、野蛮であるからだ。感情的、野蛮といった観察に用いられている区別の反対側には、理性的（合理的）、文明的、といった考えが隠されている。

　以上をまとめると、次のようにいえる。社会の不寛容さは、寛容／不寛容の区別を用いることで記述されており、その背後にあるのは、近代化・文明化した社会は寛容であるべき、もっと「やさしく」あるべき、といった考え方である、と。

3　「不寛容の拡大」という見立てをどう捉えるか

3.1　文明化の過程とその帰結

　だがそもそも、近代化・文明化した社会は「やさしい」のだろうか。

　たとえば文明化civilizationについて見てみよう。文明化の厳密な定義については、ノルベルト・エリアスによる議論を参照することができる。エリアスによれば、文明化の過程は、内面の自己抑制self-restraintの増大、および、社会の中の暴力の独占・寡占によって特徴づけられる（Elias 1969=[1978] 2010）。文明化が進めば、それまで当たり前のようにできていた・なされていたことが、だんだんできなく・なされなくなっていく。これは、イライラや息苦しさが消えてなくなることを意味しない。自己抑制の増大イコール文明化であると考えれば、イライラや息苦しさはむしろ強まることになる。社会の中の暴力も、なくなるわけではなく、いわば見えにくくされるだけで、形を変えて残る。「日本」は治安がよく安全だとされるが、それと引き換えに、不満やイライラ、攻撃性が、見えにくいところに偏在している（特定の場所に集中している）とも考えられる。それはどこか。たとえば、学校におけるいじめ、近代家族におけるDVや児童虐待、「ブラック企業」、各種ハラスメントなど。あるいは、不寛容社会に関する一連の議論が指摘するように、インターネット。いずれにしても、社会学の知見を踏まえれば、社会の中の不寛容の増大は、文明化に対立するものではなくむしろ文明化の帰結として理解されるべきものである。

　エリアスに限らず、同様のことは多くの論者によって指摘されている。

　たとえばジャン・ボードリヤールは1970年に消費社会の到来を論じる中で、広告等の中でやさしさや配慮が強調される一方で、社会の中に見えない暴力や欲求不満が蓄積すると指摘していた（Baudrillard 1970=1990）。また、森真一は

エミール・デュルケームの人格崇拝論を下敷きに、現代社会に見られる「諍い」の増加や「マナー神経症」の出現のメカニズムを浮き彫りにしている（森真一 2005）。

　以上のように、少なくとも社会学の観点からみれば、不寛容の拡大は文明化や近代化に逆行するものではない。社会の分化の帰結でもあるし、消費社会の到来の帰結でもあるし、「モダニティの帰結」でもある。

3.2　どういう社会システムが不寛容社会を観察しているか

　先ほど、不寛容社会を観察している観察者は社会システムだと述べ、問題なのは「どういう社会システムか」と付け加えた。

　どういう社会システムかを述べるにあたって、厳密を期するならば、ルーマンの理論体系における社会の機能分化という論点と、社会societyというシステムの部分としての機能システムについて説明を加える必要がある。だがここでは機能分化に関する議論は割愛し、不寛容社会を観察しているのは（機能システムの一種である）「マスメディア・システム」という特殊な社会システムsocial systemである、と指摘するにとどめる。

　注目を促したいのは、この「マスメディア・システム」という社会システムがどのような性質をもっているか、ということである。これに関しては、ルーマンの『マスメディアのリアリティ』（Luhmann 1996=2005）による説明を参照する。

　まず念頭に置くべきことは、ここでいう「マスメディア・システム」とは、具体的な制度、組織、集団などではないということだ。したがってそれは、放送局、新聞社、出版社等ではない。ジャーナリスト、ルポライターでもない。ややこしいが、「マスメディア・システム」は、マスメディアではない。それはあくまで、コミュニケーションからなるシステム（つまり社会システム）である。「マスメディア・システム」がどのような点で他の社会システムから際立って区別されるかというと、ある特殊な区別に基づいて観察する（コミュニケートする）という点である。その区別とは、『マスメディアのリアリティ』によれば、「情報／非情報」の区別である。平たくいえば、何かを情報価値があるものとして意味づける（観察する）コミュニケーションの連鎖、それが「マスメディア・システム」という社会システムである。

　すでに「不寛容社会は情報価値がある対象として観察されている」ということは指摘した。誰かが、個人的に頭の中で興味を抱いているというだけでは、社会システムの観察にはならない。何らかの情報価値がなければ、「マスメディア・システム」の観察にはならない。不寛容社会というテーマは、情報価値があるか

らこそ、マスメディアに取り上げられる（「マスメディア・システム」においてコミュニケートされる）。

　どういった対象に情報価値があるかについては議論の余地があるが、『マスメディアのリアリティ』では、「新しさ」「コンフリクト」「量」などが挙げられている。その中で特に多くの紙幅が割かれているのが規範違反norm violationという情報価値である。

　たとえば、少々込み入った議論になるが、不寛容社会が論じられるときにしばしば引き合いに出される、「保育園や公園の子どもの声がうるさい」、「公共の場でのベビーカーが邪魔だ」といった個々の言説それ自体には情報価値はない。だが「『子どもの声がうるさい』とか『ベビーカーが邪魔だ』なんて狭量なことが盛んにいわれるようになるなんて、息苦しい社会だよね」という、規範に照らした物言いへと加工された途端に、規範違反という情報価値が生じ、マスメディアが取り上げるにふさわしい言説へと変換される。

3.3　不寛容社会のパラドックス

　このように、マスメディア・システムというファースト・オーダーの観察者（＝社会システム）が不寛容社会を観察するとき、不寛容は規範違反、言い換えれば逸脱deviationとして観察されている。そして不寛容社会が観察されているとき（コミュニケーションのテーマとなっているとき）、この逸脱は解消されるべきものとして語られている。

　ここで、マスメディア・システムという観察者が不寛容社会を「どのように」観察しているかを観察してみよう。つまり、セカンド・オーダーの観察を試みよう。マスメディア・システムがやろうとしているのは、不寛容という逸脱を解消することのように見える。だが、そうではない。マスメディア・システムは、「情報／非情報」という区別に基づいて、情報価値のあることをコミュニケートし続ける観察者である。したがって、マスメディア・システムが行っているのは、「不寛容な言説は逸脱だよね」、「こういう逸脱は解消されないといけないよね」という、より情報価値の高いメッセージを発信し続けることだ。その結果は、逸脱の解消ではなく増幅である。つまり、不寛容社会がマスメディア・システムによってコミュニケーションのテーマとして取り上げられる（観察される）というケースに関していうと、そこでは、ファースト・オーダーの水準では逸脱の解消が主張されているにしても、セカンド・オーダーの水準で見ると、逸脱がどんどん増幅されるという結果がもたらされている。こういったねじれた状況を指して、不寛容社会のパラドックスと呼ぶことができるだろう。

だがすでに述べたように、本論の関心は不寛容社会そのものにはない。ここで目指しているのは、日本における不寛容社会という題材から、現代社会の示すパラドクシカルな様態を扱うための普遍的な社会学的認識枠組を導き出すことである。このことを今一度思い出しながら、引き続き考察を進めていこう。

4　社会の自己記述

4.1　不寛容に観察する社会

　ここで、不寛容社会にかかわる諸議論にみられる循環的構成を一般化して扱うために、自己記述 self-description という考え方を導入する。自己記述は、ルーマンの最晩年の大著『社会の社会』（Luhmann 1997=2009）の最終章（第5章）のタイトルにもなっており、ルーマンのライフワークである「社会の理論 theory of society」の核心部となる考え方である[3]。

　自己記述とは、人々が自分自身について書くことではない。社会（という観察者）が、社会について記述することである。自己記述という用語を導入することの意義は、社会（という観察者）が循環的構成をもっていること（社会は社会の産物であること、社会は社会によって再生産されていること）を示すところにある。

　不寛容社会も、社会（という観察者）による社会についての記述なので、自己記述の一例である。不寛容社会という自己記述は、規範違反、あるいは「社会の望ましさの追求」と密接に結びついているが、不寛容社会を語ることによって生み出される結果は不寛容の解消ではなく増幅である。つまり、語ることによって目指されているものとは逆のものがもたらされている。それはなぜか。不寛容社会を自己記述の一種として捉えることによって、不寛容社会が「観察されたもの」（観察対象）であると同時に、「観察するもの」（観察者）であることがわかる。

　不寛容社会が観察者であるというのは、つまり、ものごとを不寛容に頭の中で（心理的水準で）捉えることではなく、不寛容に捉えられたものごとが公の場で語られる（社会的水準）ことを指す。社会の不寛容さについて語れば語るほど、不寛容社会は勢いを増すというわけだ。

　ここで、よくいわれていること、すなわち「不寛容社会は新しい存在なのかどうか」という点に目を向けてみよう。この点は一考に値する。というのも、冷静に考えれば、不寛容さ、あるいは不寛容とみなせる現象ないし言説は、はるか以前から存在するだろうし、観察されうるだろう。そしてそういったものは、日本に限って存在するものでもないだろう。だが不寛容社会が語られる文脈を検討してみると、この言葉はインターネットやSNSといったキーワードとともに語ら

れている。ここが手がかりである。

　先ほど述べたように、文明化は、それまで当たり前のようにできていた・なされていたことが、だんだんできなく・なされなくなっていくことである。これに対して、それまではほとんどできなかった、なされていなかったこと（非蓋然的なこと、生起する確率が低いこと）が、当たり前のようにできる・なされるようになっていく（蓋然的になる、生起する確率が高くなる）という、逆方向の変化がある。これは、ルーマンの用語法では進化evolutionである [4]。社会は観察者であるというシステム理論の視座に立てば、進化とは、社会システムという観察者の進化であり、それまでなかなかコミュニケートされてこなかったことが、当たり前のようにコミュニケートされていくこととして捉えうる。このような意味での進化を導くのは新しいコミュニケーション・メディア（たとえば、人類の歴史における文字、活版印刷、新聞、ラジオ、テレビ等々の出現）である。インターネットやSNSも新しいコミュニケーション・メディアであるから、これらが変化の決め手であるといえないこともない。だが不寛容社会は、SNS等に見られる「些細なことに目くじらを立てる発言」が、規範違反という情報価値をもつものとして、テレビ・出版等の従来型マスメディアに取り上げられることなしには成立しない。不寛容社会は、従来型マスメディアとソーシャル・メディアのあいだの悪循環の関係によってもたらされたものであると考えれば、新しい存在といえるのかもしれない。それはすなわち、観察者としての不寛容社会、不寛容に観察する社会である。

4.2　不寛容社会のパラドックスの応用

　不寛容社会というパラドクシカルな存在に関する以上の考察から、どのような一般的含意を引き出せるだろうか。

　まずいえることは、「望ましさの追求」「望ましくなさの解消」にかかわる言葉（規範的判断や価値判断を含んだ言葉）は、少なくとも、社会を記述するための社会学的認識枠組としては適切ではないということだ。もちろん、不寛容社会という言葉も、社会学の用語としては不適切である。

　社会という観察者の循環的構成を考慮に入れれば、望ましさを求めれば求めるほど、望んだこととは逆の結果が出る可能性も無視できなくなる。望ましくない結果は、自己記述のポジティブ・フィードバックのメカニズムによってどんどん増幅されることになりかねない（近年いわれる「エコー・チェンバー」もこれに相当するだろうか）。

　「望ましさの追求」「望ましくなさの解消」にかかわる言葉とはいっても、一見

してそれとわかるとは限らない。少子化や晩婚化・非婚化といった言葉にしても、純粋に人口学的な用語なのか、「子どもはもうけなければならない」「結婚はしなくてはならない」といった規範的なトーンを帯びた標語なのか、とっさに見分けることは困難である。だが前者と後者は厳しく区別されなければならないということはいえるだろう。そして、マスメディアや政治的標語等で価値判断を含んだ言葉が用いられるときは要注意だ。息苦しさや窮屈さを論じることで、さらに社会を息苦しく窮屈にしてはいないだろうか。

　パラドックスが見出されるのは、何も不寛容社会というケースに限ったことではない。たとえば、以前から少子化の解消が叫ばれているが、もたらされているのは、結婚しにくい・産みにくい・育てにくいという逆の結果である。あるいはイヴァン・イリイチの説いた学校化、医療化などを想起してもよい [5]。この種のパラドクシカルな事例は、探しさえすれば、他にもいくらでも見つけることができるだろう。

　以上、不寛容社会、ないし、不寛容社会という言葉の広がりという日本の事例から出発して、セカンド・オーダーの観察や自己記述といった社会学的認識枠組を適用することで、「望ましさの追求」という目的とは逆の結果がもたらされ、増幅される普遍的なメカニズムへと接近できることが示された。

5　おわりに

　本論では、日本の事例から出発して一般理論を探究するという課題を立てた。ゆえに、「では社会の息苦しさ、窮屈さについてどのように対処できるのか？」といった実践的議論にかかわる問いには十分に答えてこなかったように思われる。最後に、この点に関する展望を述べて締めくくりとする。

　「望ましさの追求」と密接に結びついた不寛容社会のような自己記述は、往々にして当初の目的に反する望ましくない帰結をもたらす。この種の問題に何らかの処方箋を出すとすれば、一案としてはたとえば、つとにロバート・キング・マートンが論じているように（Merton [1949] 1959=1961）、「意図せざる結果」を生み出す・見えにくくなっている悪循環を発見し、「制度的な手当て」によってそのループを断ち切るべし、といった答えがありうるだろう。

　悪循環という「盲点」を見出し、パラドックスの発生メカニズムを鮮やかに示すことができるかどうかも重要である。だがより肝心なのは、仕組みがわかったとして、それにいかなる対策を施すことができるか、ということなのかもしれない。ただ、対策云々に関しては、こと昨今の日本においては悲観的展望を抱か

ざるを得ない。たとえば少子化や高齢化や、未婚化や非婚化やシングル化や、グローバル化や個人化や、さまざまな変化が生じることが前もってはっきりしていて、そこからやがて何らかの問題が発生することが明らかであったとしても、社会という観察者は、規範に訴えるような自己記述ばかりして、何ら有効な対策を打ってこなかったではないか。

　社会は社会の自己記述であると考えれば、社会は自らがどういう観察者であるかという点に関して、いわばもっと「敏感」にならなければならない。つまり、社会のなかでコミュニケートされてこなかった諸問題、コミュニケートされにくかった諸問題を、どのようにしたら、当たり前にコミュニケートできるようになるのか（観察対象にできるようになるのか）。そういったことがまさに「観察」できなければならないのである。

【付記】

　本論は、2017年6月21日にコロンビア共和国メデジン市のPontifical Bolivarian Universityで行われたThe 14th International Conference of Sociocybernetics における口頭発表 "Observing Intolerant Society: A Lesson from Japan's Experience" に基づいているが、日本語論文として公表するにあたって大幅に加筆・修正している。

【注】

[1] 引用元：https://www.nhk.or.jp/docudocu/program/46/2586816/index.html 2018年2月27日アクセス。
[2] 厳密にいえばセカンド・オーダーの観察は社会学の視点に限ったものではないが、ここではニクラス・ルーマンに倣って、これを社会学の視点として扱う。
[3] 自己記述という考え方の手短な解説については、赤堀（2010）を参照のこと。
[4] ルーマン『社会の社会』の第3章のタイトルは「進化」であるが、全5章中の1章分の紙幅が割かれていることから、「進化」というテーマが彼のライフワーク「社会の理論」において重要な位置を占めることがわかる（Luhmann 1997=2009）。
[5] ジャン=ピエール・デュピュイ著『秩序と無秩序』では、イリイチの脱学校論や脱医療化論を、サイバネティクスの考え方と結びつけて、ある制度が目的としていることと逆の結果がもたらされるメカニズム（「反生産性」のメカニズム）として一般化して論じることが試みられている（Dupuy 1982=1987）。

【文献】

赤堀三郎, 2010,「社会学的システム理論における自己記述という構想」『社会・経済システム』31: 109-114.
─────, 2016,「社会の冷酷さについて ──『社会システムの観察』を理解するために」『東京女子大学社会学年報』4: 1-12.
Baudrillard, Jean, 1970, *La société de consommation: Ses mythes, Ses structures*, Paris: Denoël. (=1990, 今村仁司・塚原史訳『消費社会の神話と構造』紀伊國屋書店.)
Dupuy, Jean-Pierre, 1982, *Ordres et Désordres*, Paris: Seuil. (=1987, 古田幸男訳『秩序と無秩

序』法政大学出版局.)

Elias, Nobert, 1969, *Über den Prozess der Zivilisation*, Band 2, Bern: Francke Verlag.（＝[1978] 2010, 波田節夫・溝辺敬一・羽田洋・藤平浩之訳『文明化の過程』下巻〔改装版〕, 法政大学出版局.)

Illich, Ivan, 1970, *The Deschooling Society*, New York: Harper and Row.（＝1977, 東洋・小澤周三訳『脱学校の社会』東京創元社.)

─────, [1975] 1976, *Limits to Medicine: Medical Nemesis; The Exploration of Health*, London: Boyars.（＝1979, 金子嗣郎訳『脱病院化社会──医療の限界』晶文社.)

Luhmann, Niklas, 1996, *Die Realität der Massenmedien*, 2.erweiterte Auflage, Opladen: Westdeutscher.（＝2005, 林香里訳『マスメディアのリアリティ』木鐸社.)

─────, 1997, *Die Gesellschaft der Gesellschaft*, 2 Bände, Frankfurt am Main: Suhrkamp.（＝2009, 馬場靖雄・赤堀三郎・菅原謙・高橋徹訳『社会の社会』1・2巻, 法政大学出版局.)

真鍋厚, 2017,『不寛容という不安』彩流社.

Merton, Robert King, [1949] 1959, *Social Theory and Social Structure: Toward the Codification of Theory and Research*, New York: The Free Press.（＝1961, 森東吾・森好夫・金沢実・中島竜太郎訳『社会理論と社会構造』みすず書房.)

森真一, 2005,『日本はなぜ諍いの多い国になったのか──「マナー神経症」の時代』中央公論新社.

森達也, 2017,『不寛容な時代のポピュリズム』青土社.

西田亮介, 2017,『不寛容の本質──なぜ若者を理解できないのか, なぜ年長者を許せないのか』経済界.

庄司興吉, 2016,「序　今なぜ歴史認識と民主主義深化の社会学なのか?」庄司興吉編『歴史認識と民主主義深化の社会学』東信堂, 3-11.

谷本真由美, 2017,『不寛容社会』ワニブックス.

現代社会における食と農
—— 市民とコモンズの観点から

立川雅司

1 はじめに

　食と農は、社会の存続にとってもっとも基本的な条件であり、これまで地域社会や文化を育むことに無視できない役割を果たしてきたものの、現代社会は、食と農を単なる消費のためのモノとして取り扱い、その個性や履歴を消し去り、大量生産品（コモディティ）として流通させてきた。ここで重視されるのは、最大の量を効率的に生産し、結果として均一な商品を低価格で供給することであったといえる。そのために農業も化学物質や機械を投入することで「近代化」を目指し、食品についても地域性や文化、美味しさよりも、むしろ栄養素を重視する栄養主義nutritionismのもとでグローバルな生産流通システムが形成されてきた（古沢 2014；Scrinis 2013）。様々な次元を単純化し、効率性や経済的価値といった一次元的な尺度からのみ、農と食を把握しようとしてきたといえる。食を経済的財とのみ理解する風潮が強まり、経済的格差が広がるなかで、結果として生じたのは、食を満喫し濫費できる人々とそうでない人々との分断である。食べずに廃棄してしまう「食品ロス」が社会問題になる一方で、フードデザートや子ども食堂などの問題も近年大きく取り上げられる背景には、こうした食の私経済化が存在すると考えられる。

　農業生産が生活の場面を離れ、工業的な効率性の原理の下で大量生産・大量消費モデルを追求してきた歴史は、先進国が共通して歩んできた道であり、そのまま戦後の日本農業の軌跡とも重なる。こうした農業・食料システムが一般化するとともに、その工業的な農業生産や大量流通に疑問を抱き、新たな食と農のあり方をもとめる人々が1980年代頃より登場してきた。こうした人々は、近代化パラダイムに疑問を呈し、生産者と消費者との新たな関係性を通じて、オルタナティブな社会を構想しようとしている。こうした人々の行動に鑑みると、彼らは単なる消費者や生産者ではなく、市民として理解すべきと考えられる。食の多面

的機能を公共性や公益性と結び付けて論じる場合、どのような課題や意義が展望できるのか、こうした論点を社会学的観点からどのように深化させていくことができるのか、現代社会における食と農を素材としつつ、本論では多角的に論じる。

以下では、食のコモディティ化とこれに対抗する市民の動向について述べ、フード市民Food Citizenや市民－消費者Citizen-Consumerなどの概念を整理する。そのうえで市民が関与する食について公共財やコモンズの観点からとらえ直すことの意義について論じる。公共空間が私的空間に席巻されることで後退しつつある現状について述べ、コモンズ的な食のあり方が、実は伝統社会のなかにも存在していたことに注意を喚起する。市民としての政治主体性（主権者性）を回復することの重要性を指摘しつつ、ルーティーン化した日常生活を乗り越えることの困難さに関しても注意を払うべき点を最後に述べて本論を閉じる。

2 先進国における食のとらえ直し

2.1 食のコモディティ化

ハーヴェイ他（Harvey et al. 2001）によれば、サービスを獲得する方法には、次の4つの方法があるとされる。すなわち、①市場、②国家、③共同体、④世帯である。市場による獲得は、貨幣や物々交換による不特定多数の間の交換を通じたものである。②国家によるサービス獲得は、政府からの給付によるもので、例えば、福祉サービスや義務教育をはじめ、エンタイトルメントを考えることができる。③共同体によるサービス獲得は、互酬性にもとづく相互のサービス提供であり、伝統的な村落社会における講による人足の確保などを想定すればよい。④世帯とは家族成員が何らかの方法でつくり出す、もしくは調達することを意味する。自ら工作する、建設する、採集する、栽培するなど様々な方法があろう。

これらのサービス獲得の方法は、食料の獲得方法においても当てはまる。①市場を通じた食料獲得であれば、スーパーマーケットなど小売店で購入することがすぐに思い浮かぶ。②国家であれば、食料援助や給食費補助など政策の一環の中で食料供給（もしくはその支援）を行うことが考えられる。③共同体であれば、食べもののおすそ分けや伝統行事のなかでの共食儀礼などがある。④世帯であれば、自家栽培したものを食べることが考えられる。

食料の商品化、すなわちコモディティ化が進み、かつネオリベラリズムが徹底する現代社会においては、これらの4つの方法のうち、①市場に重点がシフトし、②国家の役割や、③共同体の役割が大きく後退してきたといえる。国家の積極的な役割は財政の悪化と共に大きく削り込まれ、市場を介した解決へと誘導されて

きた（典型例として学校給食の民間企業への委託などがあげられる）。また都市化や生活様式の変化は、共同体の機能を弱め、おすそ分けをしたり、年間行事などを通じて共同体の中で食を分かち合う伝統も後退させてしまった。

　農業・食料社会学（Buttel et al. 2013）においても、こうした動きを批判的にとらえる様々な研究が蓄積されてきた。なかでも、ハリエット・フリードマンやフィリップ・マクマイケルはフードレジーム論を通じて、農産物のコモディティ化が国際的な農業食料生産の分業化や相互依存と表裏一体的に進んできたことをⅠ・ウォーラーステインの世界システム論から示唆を受けつつ論じた（Friedmann & McMichael 1989）。

　フードレジームとは、農産物輸出入や農業・食料生産に関して、国際的に形成された暗黙のルールや合意を意味しており、イギリスを中心とする第１次フードレジーム（1870 〜 1915年）、第２次大戦後にアメリカを中心として形成された第２次フードレジーム（1947 〜 1973年）、そして現代は第３次フードレジームへの移行期とされている。フリードマン（2006）が指摘するように、フードレジームのもとで「輸出市場に依存した新たな農民階級」（p.76）が生み出されたのである。上記の４類型のうち、純粋に市場（それも海外市場）にのみ依存した商業的農業の登場は、食料に対する考え方を、純粋な交換価値のみで評価し、時には国際的な相互依存関係の深化を通じて戦略物資にも転用可能なものとして理解する傾向を促した。輸出型農業は、過剰生産を海外市場に「はけ口」を設けることで安価な食料を供給することに成功したが、安価に食料が入手できることは、市場を通じてのみ食料を調達する傾向を強化し、共同体を通じた食の分かち合いや自給活動は、次第に後退していったといえよう。

2.2　「消費者」対「市民」

　先進国では、こんにち様々な食と農をめぐる取り組みや運動が広がっている（桝潟 2014）。例えば、産消提携、地域支援型農業 Community Supported Agriculture、直売所、ファーマーズマーケット、マルシェなどの新たな農産物流通の方法。市民農園、体験農園、コミュニティ・ガーデン、コミュニティ・キッチンなどの自給活動を通じた食と農の見直しや地域活動。フードバンク、フードドライブ、グリーニングなど低所得者向けの食料提供活動。フードポリシー・カウンシル、食条例Food Charter、都市食料政策ミラノ協定（Forster et al. 2015）など都市における食料政策策定活動などである。これらは食のコモディティ化、大量生産やグローバル化、工業化を進めてきた動きへの対抗的な運動として位置づけることができる。

欧州や北米においては、代替的な食料流通システムの構築（CSAなど）が広く見られるが、こうした食と農における新たな形を模索する人々をフード市民Food Citizenと呼ぶことがある。またトーマス・ライソンは、ローカルフードシステムを構築し、地域社会の活力や公正を目指す運動をシビック・アグリカルチャー Civic Agricultureと呼んでいる。ライソンによれば、シビック・アグリカルチャーとは「地元の地域社会に埋め込まれた農業そして食料生産」であり、「家族収入を稼ぐための単なる手段としてだけではなく、その事業体は社会的、経済的、政治的、文化的に多様な方法で、地域社会の健全性と活力に幾重にも貢献する」（Lyson 2004=2012: 95）と指摘している。地域のあり方を変えるために自ら働きかけようとする人々が作り上げる農業ととらえることができる。

　また近年は、北米の自治体を中心に様々なステークホルダーが参加し、食や農をめぐる地域問題を解決するフォーラムが形成され、フードポリシー・カウンシル Food Policy Council, FPCと呼ばれている（立川ほか 2016）。そもそも、フード市民という用語が生まれた発端のひとつは、カナダ・トロント市におけるFPCでの活動である。ウェルシュとマクレー（Welsh & MacRae 1998）は、フード市民 Food Citizenshipやフード民主主義Food Democracyを「受動的な消費者としてではなく、フードシステムの形成に対して積極的に参加する人々の活動」（p.238）から派生したものと指摘する。人々は市場の成員（消費者）である以上に、社会の成員（市民）であること、したがってフードシステムのあり方を社会の中で議論することの重要性を指摘する。またアメリカのテネシー州ノックスビル市のFPCやティム・ラングの下で活動するロンドン・フード・コミッションから学びつつ、トロントにおいてFPCの活動を行った経験を踏まえて、この概念が提起されている点は留意すべきである。要するに新たな流通チャネルの構築という点を超えて、フードシステムのあり方を社会の中に埋め戻す視点から、フード市民概念が提起されているといえよう。

　オランダの社会学者であるレンティングら（Renting et al. 2012）も、従来の食と農のあり方を左右してきたのは、これまでは国家もしくは市場であり、市民社会からの関与はほとんどなかったことを指摘している。そのようななか、近年、受動的な消費者ではなく、市民として能動的な関わりが増大していることを指摘し、こうした動きを市民的フードネットワーク Civic Food Networkと呼んでいる。要するに、地域における食や農のあり方に対して関与していこうとする人々は、消費者というよりも、むしろ市民と呼ぶべきという指摘である（詳細は、立川（2018）を参照）。

3　フード市民と市民‐消費者

　様々なオルタナティブな取り組みについて議論される中でしばしば論及されている概念には、フード市民 Food Citizen だけでなく、市民－消費者 Citizen-Consumer といったとらえ方も存在する。これらの概念について、少し整理しておく必要があろう。概念規定をめぐっては、様々な論者が存在しているものの（Johnston 2008; Renting et al. 2012; Lockie 2009; Tavernier 2012）、以下では、主としてゴメス‐ベニートとラザノ（Gómez-Benito & Lozano 2014）などに依拠しつつ、筆者としての概念整理を行っておく。端的に言えば、主体の性格付けと、この主体がとる行為を組み合わせることで、様々なオルタナティブを探る方途が見いだせると考えられる。

3.1　市民‐消費者

　現代社会における諸問題に対して、消費者の立場から声を上げ、企業や資本のあり方に影響を及ぼそうとする運動には、比較的長い歴史があり、ラングとガブリエル（Lang & Gabriel 2005）は、消費者運動 consumer activism を19世紀後半の生活協同組合運動にまで遡っている。アメリカにおいてもラルフ・ネーダーなどによる消費者運動が1960年代に大きな盛り上がりを見せた。こうした運動は後に、政治的消費者運動 political consumerism と呼ばれることになる。政治的消費者運動は、例えば問題のある企業が製造する商品をボイコットしたり、逆に奨励したい商品を買い支えたり（バイコット buycott）することで、消費者が有する購買力を基盤に、その政治的意志を企業や生産者に対して及ぼそうとする運動と理解することができる。

　食や農の分野においても、こうした政治的消費者運動の文脈で議論されているのが、市民－消費者 Citizen-Consumer と理解することができる。換言すれば、市民－消費者とは政治的主体 political agency の実現手段が消費や購買という消費者 Consumer としての経済的行為であるといえる。消費者は市場という場での行動によって特徴づけられるため、購買（非購買）としての行為を超えた、政治プロセスや政策形成への直接的な参加は主眼とはなっていない。

　もっとも市民－消費者という概念に関しては、市民 Citizen としての立場と消費者 Consumer としての立場の間に、本質的に矛盾が存在するという批判もある（Johnston 2008）。消費者が個人の利益最大化を行動原理とするのに対して、市民は共通利害を優先する立場をとる以上、両者の利害関心が相反する局面が存

在する。両者の間にはアンビバレンスが内在せざるを得ないといえる。

3.2　フード市民

　また同じような文脈で用いられている概念として、先に述べたフード市民 Food Citizen（および抽象名詞としてのフード市民性Food Citizenship）があり、オルタナティブな食品流通構築の担い手として期待が向けられる際にしばしば言及される[1]。

　ここで重要な点は、ゴメス–ベニートとラザノ（Gómez-Benito & Lozano 2014）が指摘するように、市民citizen概念の基礎的構成要素には、①権利 right, リベラリズムの伝統に依拠、②参加 participation, 共和主義的伝統に依拠、③帰属 belonging, コミュニタリアン的伝統に依拠、という3つの基礎的構成要素が含意されているという点である。フード市民を、このような文脈のもとで理解するならば、権利、参加、帰属というそれぞれの面から、食をめぐる課題に取り組もうという姿勢がそこに表現されていると理解しうる。また権利と責務は表裏一体的な関係にあることから、フード市民にあっては、権利（量的にも質的にも十分な健全な食への権利、食に関する情報に対する権利）が重視されると同時に、責務（①未来世代も含めた社会の構成員、②他の消費者および生産者、③環境、④動物福祉などに対する責務）も伴うものと認識されている（Gómez-Benito & Lozano 2014）。したがって、正義や公正といった概念とも密接な関係が生じることになる。

　また、市民性 citizenshipは権利や参加を契機として成立する以上、その前提として、個人の自立性 autonomyが担保されていることが必要であるとされている。しかし、食に関してはこの自立性が大きな制約を抱えているという問題がある。例えば、食をめぐる生産流通過程において透明性が存在していないこと、また生産と消費との間に大きな距離が形成されていることである。こうした問題が存在していることから、情報に対する権利 right to informationを求めることも自立性確保の観点から正当化しうる[2]。

　フード市民性 Food Citizenshipには上述した通り、参加という要素も重要である（Gómez-Benito & Lozano 2014: 151）。市民性は個々人の私的空間における行動だけでなく、公的領域に参加し、共同目標を追求することで涵養されるという面が存在する。換言すれば、食のあり方に関わるガバナンスの形成に向けて参加することがフード市民性の重要な特徴であり、この点は、単に購買行動を通じた政治的意思表明を行う市民－消費者と異なるところである。単なる購買という場面を超えた参加機会を通じて、食のあり方（食料政策など）について具体的な

検討や行動を行う点に、フード市民としての役割を見出すことができる。

　最後の帰属という点に関しては、ゴメス–ベニートとラザノ（Gómez-Benito & Lozano 2014）は、次のように指摘している。すなわち、今日の食がグローバル化しつつある中にあっては、市民性もコスモポリタン的な性格を帯びる。食のグローバル化と南北問題を前提とするならば、食をめぐる問題の解決はもはや地域の努力だけでは限界が存在することは自明である（例：フェアトレード）。とはいえ、食には地域性という側面も無視できない。食におけるグローバル化が進展し、地域や国毎の個性が失われつつあるものの、なおも食はアイデンティティの重要な拠り所であり、共に食べることとコミュニティとは相互規定しあう関係にある（Thompson 2010）。したがって、ゴメス–ベニートとラザノが主張するように、コスモポリタン的な性格だけを見るならば重要なものを見失ってしまう可能性がある。とはいえ、ローカルな食をグローバル化に対置し、ローカル化を進めることであらゆる問題が解決するかのような言説を強調することはローカル・トラップと呼ばれる無条件的なローカルの賛美に終わるだけでなく（桝潟 2014）、自己責任や分権化を積極的に進めようとするネオリベラリズムの強化を招き入れることにもなりかねない（Lockie 2008）。ローカルな食における可能性と共に、排除や権力関係をも意識しうる「反省的なローカリズム」（Dupui & Goodman 2005）をフード市民としてどのように進めていくかが問われていると言えよう。

3.3　市民–消費者とフード市民の関連

　以上のように、市民–消費者 Citizen-Consumer とフード市民 Food Citizen を区別することは、どのように整理しうるだろうか。ここでは試論として、行為者の主体性 agency と行為内容 action とを区別し、政治面および経済面における両者の組み合わせから、市民–消費者とフード市民との区別を導いてみよう（次頁の表参照）。市民–消費者は、購買行動という経済的行為を通じて、食のあり方に対して影響を及ぼそうという政治主体としての営みと理解することができよう。換言すれば、消費者の立場を装った政治的アクターと捉えることができる。しかし、消費者の立場を装っていることから、行為内容は消費者としての対応を超えることはなく、買う・買わないといった行為に枠づけられているといえる。

　他方、フード市民は、政治主体として、そのまま政策に関与している（権利の表出や参加など）といえる。ここでは政治的な立場で政治的行為を行うということで、市民–消費者よりも直接的な目的＝手段関係が成立している。

　同様の論理で、他の組み合わせ、経済主体として購買行動を行うものを消

表: Food Citizen，Citizen-Consumer，Consumer の関連

主体 ＼ 手段	Political Action（政策関与）	Economic Action（購買行動）
Political Agency（政治主体）	*Food Citizen*	*Citizen-Consumer*
Economic Agency（経済主体）	*Consumer-Citizen*	*Consumer*

注）筆者作成

費者 Consumer と、また経済主体として政策関与を行うものを消費者－市民 Consumer-Citizen と規定しうる。前者は一般的に理解されている消費者とみなせる。後者は、（やや奇異に感じるかもしれないが）政治主体を装った経済的アクターと捉えることができる（政治活動を通じて経済的利益の最大化を図ろうとするもの）。

　われわれが食に対して働きかける際には、表に示したそれぞれの立場を組み合わせつつオルタナティブを目指すことができる。これらの可能性を組み合わせつつ、実践していくことが可能でもあるし、また必要でもあろう。

4　公共財・コモンズとしての食

　消費者としてではなく、「市民」の立場からの食と農に対する関与は、私的利益追求という関心とは異なる関心、具体的には公益性や公共性と結びついた関心から由来している。このことは、食と農に対する理解について、従来の消費財という観点からではなく、消費財とは異なった観点、公共財やコモンズという観点から理解する必要性を要請している。では、食と農を公共財やコモンズの観点から捉えるとき、これまでの理解とどのような意味で新たな課題が発生するのか、この点について次に考察しよう。

4.1　公共財・コモンズとして捉えることの意味

　食を「商品」（コモディティ）と捉える傾向が圧倒的に続いてきたものの、2008 年の世界食料危機以降、食を「コモンズもしくは公共財 commons or public goods」と捉える論文数が増大する傾向がみられるとの指摘がある（Vivero-Pol 2017）。

　そもそもコモンズもしくは公共財は、競合性や非排除性が存在する場合に成立するとされる概念である（高村 2010）。したがって、これを食に適用する場合には、その意味をやや限定する必要があろう。コモンズとしての食を議論する

場合には、具体的な個々の食料そのものというよりは（なぜならばある人が食べてしまえば他の人が食べられなくなってしまうのは当然であるから）、「食を支える条件」と理解するのが適切であろう（立川ほか 2019）。ヴィヴェロ‐ポルは別の論文で、グローバルコモンズとしての食として、農業食料の遺伝資源、伝統的農業知識、公的研究機関により開発された農業科学技術、調理やレシピなどの料理法、食品安全、飢餓や肥満に関する栄養知識、食料価格の安定性などをあげている（Vivero-Pol 2015: 14-16）。これらはいずれも食をめぐる様々な活動を支える条件と理解することができる。なお、ヴィヴェロ‐ポルがグローバルコモンズとして述べているものの中には、地域レベルでの維持・再生産があってはじめて持続しうるもの、すなわちローカルコモンズの側面を有するものも存在する。例えば、遺伝資源や伝統的農業知識、レシピや料理法などは地域での維持と不断の改良がなされなければ、コモンズとして広く活用・継承されることはないだろう。

　従来の食をめぐる研究や政策においては、食料そのものとコモンズとしての食を支える条件の両者を区別せず、これら全体を私経済的合理性や効率化の対象としてみなしてきたとも考えることができる。そのような前提のまま、ネオリベラリズムの浸透とともに、公的農業研究機関への支援は大幅に後退し、遺伝資源の知財化など、私的領域への移行が進んできた。アグリビジネスが自由に活動できる領域を広げ、経済性や効率性を追求するなかで、グローバル・フードシステムが形成されてきたといえよう。

　食をコモンズとしてみなすことは、「いかなる」食を「どのように」生産・流通・消費・分配・継承するかという、食をめぐるあり方に対して、公共的関心が成立しうることを意味する。これらの課題に対して、市民として発言し、責任を有するということを見直すことの重要性を再認識する必要がある。フードシステムのあり方は経済的関心である以上に、公共的関心の対象でもあるのだ。

4.2　コモンズとしての食の後退とその回復

　コモンズとしての食を考える場合、その前提として、現代においてはコモンズや公共空間がすでに衰退し、私的空間によって領有されている点を出発点として考える必要がある。換言すれば、公共空間と私的空間との間で、ウェイトの変化が急速に進展していること、様々な財や資源が、私的空間に偏在するような状況が（特にアメリカのような国においては）出現している点に注意を向ける必要がある。

　例えば、ロバート・ベラーは『善い社会』のなかで、社会学者のデヴィッド・ポペノーを引用しつつ、アメリカ社会における公共領域と私的空間との間での財

の偏在について議論している。

> ポペノーは、合衆国をスウェーデンや英国と比較した本の中で、相対的に「アメリカ人は、私的には豊かだが公共的には貧しい環境に暮らして」いると述べている。「極めて高水準の個人消費は、公共のサービスとの引き換えとなっている」。（中略）「アメリカの大都市コミュニティーの環境の貧しさは、ひとつには、その分散的な性格と、それと関連した自動車の優位がもたらしたものである。だが、そればかりではない。公的資金が相対的に少なく、あらゆる種類の公共的サービス —— 公園や遊び場、公共住宅、公共交通機関 —— の質を落としている。」(Bellah et al. 1991=2000: 92)

このことは、アメリカの地方都市を歩いたことがあれば誰しも経験するところであろう。通りにはベンチや植栽もほとんどなく、徒歩で移動する人々はまるで眼中にないかのごとく、車が往来するだけである。他方、ホテルやビルなどに一歩足を踏み入れれば、そこでは多くの人々が盛んに会話を楽しみ、小売店舗やレストランも存在している。私的空間ににぎわいが囲い込まれてしまい、公共空間が殺伐としたものになっているのだ。

このようにアメリカでは豊かな個人空間が実現されつつも、公共空間は貧しい状況が一般化している。財の配分が公共空間ではなく、私的空間に偏在しているためである。おそらく日本でも、アメリカほどではないが、そのような方向性での変化が高度経済成長期以降、急速に進んできたと考えられる。

公共空間の私有化（篠原 2007）は、食の分野においてもみられる現象である。こうした食をめぐる現象が私的空間にのみに回収され、公共空間が希薄化していく傾向は次のような問題をもたらす。たとえば、私的空間での貧困や困難が、直接的に食への貧困や困難に結びついてしまうということ。結果として、フードデザート（食の砂漠）が問題となり、「子ども食堂」が必要になるということである。

もともと公共財的性格を帯びていた食の領域において私財化が徹底すると、結果として、経済に歩調を合わせる形で食における格差や貧困が進んだ時、一気に食に窮することになる。食の格差、貧困は、その前提として公共財的性格が希薄化したことで露呈しやすくなった問題と解釈すべきであろう。これまではこうした発生因的・構造的検討が行われることなく、食の格差が広がることを当然視し、これらが経済的支援や福祉の対象とされてきた。フードデザートや子ども食堂を経済システム内部の問題としてのみ対処しようとするメンタリティが形成されて

きたといえよう。

4.3　慣習に埋め込まれていたコモンズとしての食

　食を支える条件あるいはコモンズとしての食は、伝統的には社会の様々な慣習のなかに埋め込まれてきたといえる。このことは日本の様々な慣習や伝統行事をみるなかで確認できる。たとえば日本には、日常的なおすそ分けや贈答品（食品が中心）、非日常の祭礼や行事における共食共飲儀礼（直会など）、非常時のための備蓄・供出、慶事のふるまい（餅まき）など、地域や親族を介した社会関係の中で日常的に食を共有する機会が多数あったと考えられる。つきあいがそれなりにあれば、どの家庭にも、スーパーで買う必要もないほど、乾麺や砂糖、調味料がいまでもあるのではないか（親が農家であれば縁故米も）。また伝統食のレシピや食べ方など、地域で継承されている食文化や食べ方のルール、狩猟・採取ルールなども存在する。

　柳田國男や宮本常一らの民俗学的知見にも、日本の伝統的共同体において食がいかに様々な機会を通じて分かち合われてきたか、豊富な事例が見いだせる。例えば、柳田國男によれば、「ものもらい」（眼病、疲れのためと考えられた）を直すためには、隣近所からものをもらって食べるとよいという意味が込められていたという（柳田 1977）。地域内での食の支えあいが身体の健全性にも寄与するという観念がことわざになったものと解釈できる。そのほか、食に関わる行事の中には、とくに子どもへの食の無償提供が行われているものが多数ある（宮本 1985）。例えば、盆飯、月見団子（子どもたちにわざと盗ませる）、亥の子行事、小正月の鳥追い [3] などがあげられる。これらの年中行事を通じて、子どもには積極的に食を分け与える慣習が形成されてきたといえる。

　食が市場と家庭のなかだけに閉じ込められてきた結果、もしも市場での交換能力や家庭におけるサービス獲得能力が失われると、ただちに人々（なかでも子どもたち）は食料獲得上の困難にさらされることになる。こんにち、子ども食堂が、様々な形で運営されている背景には、かつての共同体を介した食料獲得機会が大きく失われてきたという事情が存在する。失われたものを復活させることは困難であるものの、かつての伝統社会が果たしていた機能を新たな観点から見直すことは重要であろう。そのうえで、地域での食を分かち合う仕組みの現代的再構築が求められているといえる。本論のはじめに引用したハーヴェイ他（Harvey et al. 2001）が提示した4つの獲得方法（市場、国家、共同体、世帯）をいかに多様な形で維持していくことができるか、このことが食をめぐる様々なレベルでのセキュリティにとって非常に重要な意味をもつことを再認識する必要がある。水と

同様に食は、コモディティとしてのみ扱うには社会にとって重要すぎる存在なのだ。

5 結語

　コモンズとしての食の回復を目指した市民的関与が広く先進国において要請されている現代において、社会学からどのような貢献ができるかの考察を行い、本論の締めくくりとしたい。

　近代のグローバル化と共に、食は社会そのものの根源的生存条件という位置づけをはなれ、コモディティとして扱われ、交換価値によって性格づけられるようになってきた。農業生産もコモディティとしての性格に規定される形で、技術革新の導入と効率化の道を進んできた。生産性向上や大量生産・大量消費に適した流通システムを構築してきたといえる。近年では、コモディティ化がさらに進み、現物商品というよりも仮構的商品として債権化されるなど、金融化 finacialization も進みつつある（立川 2016）。商品化の極限の形態ともいえよう。こうした金融化は、農業や食の分野に、金融資本というさらに新しい巨大なアクターが関与するようになったという意味では、市民から最も遠い存在を相手に対抗運動を構想しなければならないという課題を生みだしている。

　とはいえ、食をコモンズとして取り戻す（re-commonning）活動は、上記でも述べた通り、様々な形で登場しつつあり、今後も新たな種類の活動を生みだしていくであろう。とくに重要と考えられるのは、フード市民など政治主体としてのアクターの成立しうる公共空間をどのように形成していくかという点である。ネオリベラリズムは、あらゆる活動を経済的モデルに還元し、市場を通じて解決することをめざす。そのため政治主体が関与する公共空間そのものが社会から失われつつあるといえる。北米などで展開しているフードポリシー・カウンシルは、こうした政治主体が関与しうる公共空間を創出することにも貢献しており、当該社会における望ましい食のあり方を検討する場となっている。単なる経済効率や費用便益という言説を超えた議論がそこでなされることこそ、コモンズとしての食を地域が回復する契機となると考えられる。このような公共空間の形成・維持・衰退などのゆらぎをモニターしつつ、その含意について人々に警鐘を発することも社会学の課題であろう。

　ただし、こうした空間を単に用意することで、政治主体としての自覚と関与が喚起され、ひいてはコモンズとしての食のあるべき姿を追求しうるのかという疑問も存在する。せっかくフードポリシー・カウンシルが設置され、議論がなされ

たとしても、単により効率や快適性を追求する提案しかなされないという可能性もある。本論では十分に触れることができなかったが、私的領域に閉じ込められ、高度にルーティーン化している行動はスポット的な場を用意するだけでは簡単には変えられない。こうした日常生活におけるルーティーンをどのように反省的に乗り越えることができるのか、問い直すことが必要となる。社会的実践理論 Social Practice Theory は、まさにこうしたルーティーン的な社会行動がいかに抜きがたく現代生活に根差しているかを議論している（福士 2017）。とくに快適性 Comfort、清潔 Cleanliness、利便性 Convenience（合わせて3Cと呼ばれる[4]）と結びついた日常的行為（食選択行動も含まれる）は現代生活に定着し、その変化を促すことは容易ではない。フード市民としての政治主体（主権者）が、利便性や快適性を犠牲にして、新たな実践に踏み出すことができるかどうか、理論的にも経験的に問うべき課題となる[5]。私的空間に閉じ込められ、肥大化してきた食の領域に対して、改めて公共的な性格を再認識しつつ、地域社会やコミュニティにおける相互行為の場面から、食を通じたつながりを再構築するなかで、ルーティーン化していた食消費を見直すことができるかどうか、こんにち問い直されているといえよう。

【付記】

本研究は、科学研究費補助金（基盤研究（B）、26292122、研究代表者：秋津元輝）および総合地球環境学研究所FEASTプロジェクト（代表：Steven McGreevy）の成果の一部である。

【注】

[1] 西山未真らはこうした考え方に基づき、地域の食と農に関心を持つことを通じて、地域への関与に結びつけていくことの重要性について論じている（Nishiyama et al. 2007）。

[2] 情報の非対称性はこれまで経済学的取引における問題を解決するという文脈で議論されてきた。しかし、こうした Citizenship を行使する前提条件としての自立性の観点からも情報の非対称性を問題にするという論点は強調されるべきである。というのも、Consumer として求める情報（価格や品質に最終的に集約される限りでの情報）と Citizen として求める情報とはおのずから異なると考えられるからである。

[3] これら子どもたちがグループで家々を回って食べものを分け与えてもらう行事は、アメリカなどでのハロウィーンとも類似する。ハロウィーンにおいて子供たちに菓子を提供することも、共同体における食の分かち合いと考えることもできよう。

[4] Shove（2003）による議論を参照。なお、食を生みだす共同作業が農作業を伴うことはまさに3Cの対極にあるが、このような農作業を共同で行うことでコミュニティが形成されるというフォーカル・プラクティス focal practice の議論（Thompson 2015）は示唆的である。3Cは快適な消費者個人を創出し、コミュニティ形成の契機を喪失させることを含意する。

[5] 秋津（2014）が指摘するように、消費者じしんが自給活動に取り組むことが反省的な契機になる可能性もある。

【文献】

秋津元輝, 2014, 「食と農をつなぐ倫理を問い直す」, 桝潟・谷口・立川編『食と農の社会学』ミネルヴァ書房.

Bellah, Robert, et al., 1991, *The Good Society*, New York: Knopf. (=2000, 中村圭志訳『善い社会 ―― 道徳的エコロジーの制度論』みすず書房.)

Buttel, F. H., O. Larson, & G. W. Gillespie, Jr., 1990, *Sociology of Agriculture*, New York: Greenwood Press. (=2013, 河村能夫・立川雅司監訳『農業の社会学 ―― アメリカにおける形成と展開』ミネルヴァ書房.)

DuPuis, M., & D. Goodman, 2005, "Should We Go Home to Eat?: Toward a reflexive politics of localism," *Journal of Rural Studies, 21*: 359-371.

Forster, Thomas, et al. eds., 2015, *Milan Urban Food Policy Pact: Selected good practices from cities*, Milano: Fondazione Giangiacomo Feltrinelli. (=2017, 太田和彦・立川雅司訳「都市食料政策ミラノ協定 ―― 世界諸都市からの実践報告」『のびゆく農業』No.1036-1037, 農政調査委員会.)

Friedmann, H., & P. McMichael, 1989, "Agriculture and the State System: The rise and fall of national agricultures, 1870 to the present," *Sociologia Ruralis, 29*(2) (1989): 93-117.

フリードマン, H. (渡辺雅男・記田路子訳), 2006, 『フード・レジーム』こぶし書房.

福士正博, 2017, 「シュパルガレンとショブ ―― 社会的実践理論から見た二つの消費分析」, 『東京経大学会誌』293: 3-24.

古沢広祐, 2014, 「地球とともに生きる食と農の世界」, 桝潟・谷口・立川編『食と農の社会学』ミネルヴァ書房.

Gómez-Benito C., & C. Lozano, 2014, "Constructing Food Citizenship: Theoretical premises and social practices". *Italian Sociological Review, 4*(2), 135-156.

Harvey, Mark, et al., 2001, "Between Demand and Consumption: A framework for research", University of Manchester & UMIST, CRIC Discussion Paper No.40.

Johnston, J., 2008, "The Citizen-Consumer Hybrid: Ideological tensions and the case of whole foods market," *Theory and Society, 37*: 229-270.

Lang, T., & Y. Gabriel, 2005, "A Brief History of Consumer Activism," R. Harrison, T. Newholm, & D. Shaw (eds.) *The Ethical Consumer*, pp.39-53, Thousand Oaks, CA: Sage.

Lockie, S., 2008, "Responsibility and Agency within Alternative Food Networks: Assembling the "Citizen Consumer," *Agriculture and Human Values, 26*(3): 193-201.

Lyson, Thomas, 2004, *Civic Agriculture: Reconnecting farm, food, and community*, Tufts University Press. (=2012, 北野収訳『シビック・アグリカルチャー ―― 食と農を地域にとりもどす』農林統計出版.)

桝潟俊子, 2014, 「ローカルな食と農」, 桝潟・谷口・立川編『食と農の社会学』ミネルヴァ書房.

宮本常一, 1985, 『民間歴』, 講談社学術文庫.

Nishiyama, M. et al., 2007, "The Analysis of Consumers' Interests for Construction of Local Agri-food System," 『農業経営研究』45 (2): 141-146. 出版年：2017年12月.

Renting, H. et al., 2012, "Building Food Democracy: Exploring civic food networks and newly emerging forms of food citizenship," *International Journal of Sociology of Agriculture and Food, 19*(3): 289?307.

Scrinis, Gyorgy, 2013, *Nutritionism: The science and politics of dietary advice*, New York: Columbia University Press.

Shove, Elizabeth, 2003, "Converging Conventions of Comfort, Cleanliness and

Convenience," *Journal of Consumer Policy, 26*(4): 395-418.

篠原雅武, 2007,『公共空間の政治理論』人文書院.

高村学人, 2010,「コモンズ研究の法社会学にむけて」,『法社会学』73, 136-147.

Tavernier J., 2011, "Food Citizenship: Is there a duty for responsible consumption?," *Journal of Agricultural and Environmental Ethics, 25*(6): 895-907.

立川雅司, 2016,「農業・食料の「金融化」と対抗軸構築上の課題」, 北原克宣・安藤光義編『多国籍アグリビジネスと農業・食料支配』明石書店, 162-181.

―――, 2018,「選択する消費者, 行動する市民 ―― 食から社会を変える」, 竹之内・秋津・佐藤編『農と食の新しい倫理』昭和堂.

立川雅司ほか, 2016,「北米におけるフードポリシー・カウンシルの展開とその含意」,『フードシステム研究』23(3): 299-304.

―――, 2019,「コモンズとしての食 ―― 千葉県柏市を事例として」,『名古屋大学社会学論集』39: 51-66.

Thompson, P. B., 2010, *The Agrarian Vision: Sustainability and environmental ethics*, Lexington: University Press of Kentucky.

―――, 2015, *From Field To Fork: Food ethics for everyone*, New York: Oxford University Press.

Vivero-Pol, J. L., 2015, "Transition towards a food commons regime: Re-commoning food to crowd-feed the world," (http://dx.doi.org/10.2139/ssrn.2548928)

―――, 2017, "The idea of food as commons or commodity in academia. A systematic review of English scholarly texts," *Journal of Rural Studies, 53*: 182-201.

Welsh, Jennifer, & Rod MacRae, 1998, "Food Citizenship and Community Food Security: Lessons from Toronto, Canada," *Canadian Journal of Development Studies 19*(4): 237-255.

柳田国男, 1977,『食物と心臓』講談社学術文庫.

《情報ネットワークで市場を越える》

「情報の消費化」と情報のコモンズ
―― レッシグのコモンズ論を手がかりとして

岡野一郎

1　はじめに ――「情報」は世界を救えるか？

　本論のねらいは、今日の社会について考えるにあたって、情報をどのように位置づけるべきかを考察することにある。一時期の低迷を乗り越えて、AIブームの中、情報産業は再び活気づいており、情報の重要性など当たり前のように思える。しかしなぜ情報が重要なのか。情報があふれているから、では答えにならない。私たちは何しろ1960年代以来、情報化社会という「見果てぬ夢」（木村 2001: 78）を追いかけてきたのだ。情報の重要性なるものはそう自明ではなく、いったんカッコにくくらなければならない。しかし、実際問題として、情報は大きな社会的イシューとなっている。個人情報／情報教育／そして知的財産……。やはり情報が社会の中で重要であるからこそ、情報がイシューになるのだろうか。それともこれらは単なるマッチポンプなのだろうか。

　本論は、著作権などの知的財産を手がかりとして、現代社会において情報のどのような点がなぜ重視され、社会問題になるのかを探る試みである [1]。知的財産は守るのが当たり前と思われ、教育現場でも「知的財産の大切さをわかっていない」者たちに教え諭す（「犯罪です！」）ことが情報教育であるとされ、研究者にとっても論文の剽窃ばかりが繰り返し問題視される。その一方で特に工学系の学部学科では学生にも特許の取得が奨励され、そのため論文審査の公開性が制限されるという本末転倒の事態にまで至っている。私たちは情報が財産であることが当然視される時代に生きている。しかし、かつては必ずしもそうではなかった。情報が財産であることは決して当たり前のことではないのだ。だから、何やら「ルールを守ること」ではなく、「どのようなルールをつくるべきか」が、本当の問題として、本当の情報リテラシーとして、私たちに課せられている。そのためには理論が必要である。またそれは経済や法律を含んだ社会の仕組みをつくるための理論であるから、特に社会学的なものになるはずである。しかし現状に

65

おいて、知的財産についての理論的な論争はほとんどない。だから現実の政策も利害関係、力関係で動いている。そんな中で、情報のあり方について明確な主張を、論拠を持って示しているのが米国の法律学者ローレンス・レッシグである。

　本論ではレッシグの知的財産をめぐる議論を、彼の3冊の著書、『コモンズ —— ネット上の所有権強化は技術革新を殺す』（Lessig 2001=2002, 以下『コモンズ』と略記）、『FREE CULTURE —— いかに巨大メディアが法をつかって創造性や文化をコントロールするか』（Lessig 2004=2004, 以下『FREE CULTURE』と略記）、『REMIX —— ハイブリッド経済で栄える文化と商業のあり方』（Lessig 2008=2010, 以下『REMIX』と略記）を中心に見ていく。その中から、レッシグの議論の問題点も指摘しつつ、社会と情報のあり方を展望したい。

2　知財の今

　小泉政権の「知財立国」に見られたように、特許や著作権のような知的財産権がますます重視される時代に私たちは生きている。特許については、20世紀後半に、ソフトウェアプログラムの特許化、ビジネスモデル特許という、技術以外の面への拡大、そして世紀の変わり目には、遺伝子の利用までが特許となり、当時の米国のクリントン大統領・英国のブレア首相が共同で懸念を表明したことが記憶に新しい。世紀の変わり目に、名和小太郎は次のように書いている。

> かつては、自社の特許が標準に含まれるようなことになると、その企業は無償で公開していた。KDDもIBMもそうしていた。だが、技術開発における競争が深刻になった今日では、そんな鷹揚なことを言っていられなくなった。知的財産権は私有財産、たとえ公共的な目的であっても、これを強制収用することはまかりならないということになった。
>
> 　このへんの折り合いをつけることができないか。この点については、九〇年代の前半、携帯電話の方式をめぐってEUと米国のあいだで深刻な争いがあった。だが、知的財産権優先論を破ることはできなかった。私自身、いくつかの国内の公的委員会に参加してこのテーマを検討したことがある。このとき、知的財産権を絶対視する企業 —— 特に外資系 —— の率直さに驚いた（名和 1999: 48）

ボルドリン／レヴァインも次のように言う。

残念なことに、政治的態度や法的な情勢は、特許を独占者の道具として使う方向へ向かいつつある。特許の歴史を見ると、特許の人気は振り子のように振れることが多いが、知的独占が政治的分野、法的分野、世間においてこれほど強力に支持されたことはいまだかつてない（Boldrin & Levine 2010=2010: 106）

　著作権についても同様であり、著作物の財産としての価値がますます重視されるようになってきている。特に、デジタル技術の登場により、情報が劣化しないコピーが可能になった。そのためコピープロテクト（＝技術的保護手段）が生まれ、いたちごっことなる。とうとう、1996年のWIPO著作権条約及びWIPO実演・レコード条約によって、各国は複製等を防止する手段をはずすための機器の製造などを禁止する規定を設定することとなり、日本の著作権法も改正され、米国においても「デジタル・ミレニアム著作権法（DMCA）」が成立した。
　著作権のもう一つの流れが保護期間の度重なる延長である。上記DMCAと同じ時期に、米国で著作権の保護期間を発表後75年から95年へと延長する法改正（いわゆる『ミッキーマウス保護法』）が行われた。保護期間を過ぎた著作物は「パブリック・ドメイン」に入り、自由に使えるようになる。エリック・エルドレッドという人物が、そのような文学作品をスキャンして、子供にも分かるように解説をつけてネットに載せていた。それが突然延長により制約がかかるようになってしまったのである。エルドレッドは訴訟を起こした。その弁護人となったのが、当時スタンフォードの憲法学者であったローレンス・レッシグである。
　レッシグは知財の強化にどのような論理によって反対してきたのか。まずは彼の知財重視派への対抗意識が強く出ている『コモンズ』の内容から見ていきたい。

3　競合的／非競合的

　われわれにとっての問題は、あるリソースを統治するのに、どんな排他的コントロールの仕組みがいいか——政府か市場か——ということではない。われわれにとっての問題は、それ以前の問題だ：あるリソースにとって、市場か国かではなく、そのリソースがそもそもコントロールされるべきかフリーであり続けるべきか、ということだ（『コモンズ』: 29-30）

　コントロールを受けない、自由に使うことのできるものがコモンズを形成する。古典的には「共有地」だが、それ以外にも様々なリソースを誰でも自由に使えるようにすることが出来る。ただコモンズにコントロールはまったく不要というわ

けではない。ここで2種類のコモンズを分ける必要がある。

> われわれは昔から「コモンズ」を、競合的なリソースと非競合的なリソースの両方を指すものとして使ってきた。ボストンコモンは、競合的なリソースだけれど（わたしの利用はあなたの利用と競合する）コモンズだ。言語はコモンズだけれど、そのリソースは非競合的だ（わたしが使っても、あなたが使えなくなったりはしない）（『コモンズ』：42）

「競合的」なリソースの典型がハーディンの「共有地の悲劇」である。万人に開かれた放牧地があった場合、その放牧地に放牧する放牧主は、われ先にと利用しあい、共有地は消尽してしまう。

> でも明らかにハーディンは、コモンズに残されたあらゆる財に適用される自然法則を述べたわけではない。たとえばコモンズに残された非競争的な財については、悲劇は起きない——詩は何回読んでも、最初と同じだけそこにある（『コモンズ』：44）

この「非競合的リソース」の例としてレッシグが引用しているのが、米国第三代大統領トマス・ジェファソンの有名な「ろうそくの火」の例えである。これはジェファソンが1813年に特許の力の性質について、アイザック・マクファーソン宛に書いたものだという。

> もし自然がその他すべてのものに比べて排他的財産権の対象となりにくいものを作ったとすれば、それはアイデアと呼ばれる思考力の行いである。これは、その人が自分一人で黙っている限り、独占的に保持できる。でもそれが明かされた瞬間に、それはどうしても万人の所有へと向かってしまう。そして受け手はそれを所有しなくなることはできない。またその特異な性格として、ほかのみんながその全体を持っているからといって、誰一人その保有分が少なくなるわけではないということだ。私からアイデアを受け取ったものは、その考え方を受け取るけれど、それで私の考え方が少なくなったりはしない。それは私のろうそくから自分のろうそくに火をつけた者が、私の明かりを減らすことなく明かりを受け取ることができるようなものだ。人類の道徳と相互の叡智のために、そして人間の条件の改善のために、アイデアが人から人へ世界中に自由に伝わるということは、自然によって特に善意をもって設計されたようで、それ

は火と同じく、あらゆる空間に広がることができて、しかもどの点でもその密度は衰えることがない。また我々が呼吸し、その中を動き回り、物理的存在をその中に置いている空気と同じく、閉ざすことも排他的な占有も不可能になっている。つまり発明は自然の中においては、財産権の対象とはなり得ない（『コモンズ』: 154 より）

　競合的なリソースと非競合的なリソースでは、コモンズのコントロールの仕方が違ってくるのである。

　　1　もしリソースが競合的なら、そのリソースが取り尽くされないように、コントロールのシステムが必要となる——つまりそのシステムは、リソースが生産されると同時に過剰消費されないように保証しなければならない。2　もしリソースが非競合的なら、コントロールのシステムは、単にリソースが生産されることを保証するために必要となる……。いったん作られたら、そのリソースが蕩尽される危険はない。非競合的なリソースはその定義からして使い果たされることはない（『コモンズ』: 156）

　　社会はフリーなリソースから利益を得る。でも作り出されなくてはならないリソースや、いったん作られたら利用が競合的になるリソースについては、何らかのコントロール方式が導入されないとその利益はまったく得られなくなる。それぞれの利益が実現されるように、フリーとコントロールをバランスさせることが重要だ（『コモンズ』: 159）

　リソースが競合的なら、過剰消費されないようコントロールが必要なのに対して、非競合的なら、インセンティブのためのコントロールのみが必要である。
　レッシグの言う非競合的リソースとは、すなわち「情報」のことだと言ってよい。それに対して競合的リソースは、吉田（1990）の用語を用いるならば「物質 - エネルギー」（以下、単に「物質」と表記する）である。以上の議論の中でレッシグが問題にしたのは、情報というリソースに対して、まるでそれが競合的なリソースであるかのように扱い、コントロールを強めようとする傾向であった。

4　キメラ

　エルドレッドの裁判は、連邦最高裁まで行くのだが、2003年、敗訴が確定し

てしまう。著作権の延長は合憲とされた。これを受けて書かれたのが『FREE CULTURE』である。この本はエルドレッド訴訟をはじめ、多様な新しい事例に基づきつつも、基本的には『コモンズ』と同じ主張を述べている。

　　もし「海賊行為」というのが他人の創造的な財産からの価値を、創造者の許可なしに使うということなら――現在それはますますこういうふうに定義されるようになっている――今日著作権に影響を受けている産業は一つ残らず、何らかの海賊行為の産物であり、その利益を被っている（『FREE CULTURE』：82）

　しかし、『コモンズ』と比べた場合の違いとしては、著作権強化論者の主張と、自由論者の主張との、共存の模索に力点が置かれている点が挙げられる。

　　重要なのは、どちらの主張も正しくないということではない。重要なのは、どちらの主張も――RIAAの主張もKazaaの主張も理にかなっているということだ。これはキメラなのだ（『FREE CULTURE』：216）

　『コモンズ』と比べると、このようにバランスのとれた着地点を目指そうとする姿勢があちこちで見られるようになっている。これは、裁判における実地体験や、好敵手であった米国映画協会元会長の故ジャック・ヴァレンティとのやりとりからくるものかもしれない。しかしそれにしても、「どちらの主張も理にかなっている」というのはどういうことだろうか。普通どちらかが正しいとしたら、もう片方は間違っているはずである。それぞれに違う論理が働いているとしたら、それらは何なのだろうか。
　鍵を握りそうなのは「競合的／非競合的」という区別の問題である。しかし、『FREE CULTURE』の中に、これらの言葉は登場しない。それに類した記述はある。

　　極端論者はすぐに「本屋でお金を払わずに本を持ってきたりはしないだろう。オンライン音楽だって同じことじゃないか」と言いたがる。もちろん同じではないわけで、本屋から本を万引きすれば、本屋が売れる本は減ってしまう。一方、コンピュータネットワークからMP3を持ってきても、別に売れるCDが減るわけじゃない。実体のないものの海賊行為の物理学は、実体あるものの海賊行為に関する物理とはちがっている（『FREE CULTURE』：85）

また、前述のジェファソンのろうそくの火の比喩も登場する（『FREE CULTURE』: 107）。しかし、そこから「競合的／非競合的」の区別の議論に展開することはない。そもそもこの本全体の中で、競合的リソースの話が出てくることはないのだ。
　したがって、「競合的／非競合的」の区別だけでなく、非競合的リソースである情報についてさらにキメラが成り立つ理由も、ここでは表立って議論されることはない。

5　ハイブリッド

　『FREE CULTURE』で登場した「キメラ」というアイデアは、続く著書である『REMIX』において、「ハイブリッド」と名付けられる。文化にはRead Onlyのもの（RO）と、Read/Writeのもの（RW）がある。ROとは、作品への他人による改変を許さない文化であり、RWとは、お互いに他人の作品を様々に加工Remixすることで新しい作品を創造していく文化である。ここでも、レッシグの立場はこれらのどちらも正しいというものである。そしてレッシグは、これら2つに商業経済 commercial economies と共有経済 sharing economies の違いを対応させる。

　　アクセスを価格という単純な尺度で測る商業経済の他に、共有経済がある。そこでは文化へのアクセスは価格で統御されるのではなく、複雑な社会関係の集合により統御されるのだ（『REMIX』: 136）

　　共有経済も、他のどんな経済とも同様に、交換に基づいている。……共有経済の中での交換はいろいろな形で規定されるが――あるいは言い換えると、共有経済の中で可能な交換条件は多いが――たった一つ、お金という条件を使っての交換は規定できない。……実際、お金は役にたたないどころではない。多くの場合、話にお金が入ってくると、明確に破壊的な効果が生じる（『REMIX』: 137-138）

　レッシグは「交換exchange」という言葉を使っているが、実際には「贈り物」の例などを用いており、ポランニーの言う「交換」「再分配」に対する「互酬 reciprocity」の経済のことだと言ってよい（Polanyi 1977=1998: Ⅱ, pp.88ff）。そ

して、「この二つの経済の間で、ますます重要性を増しつつある第三の経済がある。共有経済と商業経済の両方に根ざし、その両方に価値を与えるものだ。この第三のハイブリッド経済が、ウェブ上の商業アーキテクチャとして圧倒的なものとなる」（『REMIX』：166）。

> ハイブリッドは、共有経済の価値を活用しようとする商業組織か、あるいは共有経済が自分たちの共有する狙いをもっとうまく支援するために商業組織を作るというものだ。いずれの場合にも、ハイブリッドは二つのもっと単純または純粋な経済を使い、両者の結びつきから何かを生み出す（『REMIX』：166）

　たとえばオープンソースであるリナックス Linux を基盤とした様々なビジネスや、グーグル Google のクローム Chrome 開発など、具体例には事欠かないし、ウェブ以外の事例としては、トヨタが燃料電池車の普及を促すべく、燃料電池インフラのかなりの情報を公開した例が挙げられよう。情報の独占ではなく共有が、企業の利益にとっても、明らかに様々な場面で有利に働くのである。
　さて、ここでのハイブリッド経済の必要性についての議論は大変納得のいくものである。だが、ここに至ってレッシグの議論は、新自由主義をめぐる非常にありふれた主張の一つになってしまった感がある。結局ポランニーを持ち出せばそれでよかったのではないか？　ジェファソンはどうなったのだろうか。「ろうそくの火」は確かにまた出てくるが、結論部分で触れられるに過ぎない（『REMIX』：276-277）。「競合的／非競合的」については、他人の引用文の中に「非競合性 antirivalness」という言葉が登場するのみである（『REMIX』：163）。確かにハイブリッド経済の例として挙がっているものは、どれも情報に関わる産業である。しかし、商業経済／共有経済の共存ということならば、情報以外のリソース、たとえばPCなどのハードウェアから、運輸・交通手段、大気や水などまで、多様なものが考えられよう。非競合的なリソースだけが共有されるわけではないのである。
　この『REMIX』が、知的財産に関するレッシグの最後の著書となり、その後のレッシグの関心は政治家の腐敗へと向かう。そして2016年の大統領選挙に向けての民主党からの候補をめざすが断念する。今後また情報関係の研究へと戻ってくる可能性もあるが、『REMIX』あたりでの論理展開から考えると、それは無さそうに思える。レッシグが情報社会関連の研究から離れていったのはある種必然的なことだったと思われるからである。

6　情報の消費化

　以上、知的財産、特に著作権の強化の方向に対抗するレッシグの議論を追って
きた。『コモンズ』において、レッシグがハーディンを引用して議論した部分を
再度見てみよう。ここには「コモンズ全般の擁護の問題」および「特に情報のコ
モンズの擁護の問題」という二つの議論が重なっていた。前者のほうには、当然
物質的なコモンズも含まれる。「ボストンコモン」は物理的な場所であって情報
ではない。コモンズが社会に利益をもたらすという点では、非競合的リソースも
競合的リソースも同じである。したがってここには、「競合的（物質）／非競合
的（情報）」という区別と、「市場／共有」という区別が重なっていることになる。
「競合的＝市場／非競合的＝共有」というわけではないのである。

　レッシグ自身、情報をやみくもに持ち上げているわけではない。大きな反
響を呼んだ『CODE：インターネットの合法・違法・プライバシー』（Lessig
1999=2001, 以下『CODE』と略す）において、レッシグは個人のふるまいを規制
するものとして「市場」「法」「規範」「アーキテクチャ」の4つを挙げ、その中
で「サイバー空間を構成するハードウェアとソフトウェアが、どのようにして現
在の形のサイバー空間を規制・制御しているか」（『CODE』:9）を論じた [2]。同
様に、『コモンズ』においても、レッシグはインターネットを構成する階層に応
じて、物理的基盤からプロトコル、そしてコンテンツへと、ハードウェア（物
質）、ソフトウェア（情報）にまたがる非常に広い視点で規制の在り方を論じて
いる。しかしその一方で、レッシグの議論は情報に対して独特の重みづけを行っ
ている。情報のコモンズこそが重要なのだ。情報は独占するべきではないという
主張は、レッシグに限らず、リチャード・ストールマンらのオープンソース運動
を始め、インターネットを作り上げてきた人々のかなりの部分に共通しているも
のである。情報こそはフリーでなければならないのである。

　なぜ情報が重要なのだろうか。情報の量が増えて、物質よりも情報のほうが社
会的により重要になってきたからだろうか。確かに産業構造で言えば、第一次産
業が縮小し、第三次産業が一貫して拡大してきている。しかし、岡野（2016）で
示したように、社会が物質中心の時代から情報中心の時代へと移行するといった
ことは、情報が物質に条件づけられつつ物質を制御するというサイバネティクス
の原理からして意味をなさない。前近代社会においても、人々は多様な情報（伝
統・神話・儀礼……）の中で生きてきたし、今日の物質的自然破壊の規模を見れ
ば、物質から情報への移行など夢物語に過ぎないことが分かるだろう。

では、物質から情報への移行などあり得ないとしたら、なぜ第三次産業がシェアを伸ばし、情報社会論が一般にも広がるのだろうか。その理由は、まず一つには、情報と物質との分離にある。情報そのものを商品として売買することは長らく困難であった。15世紀における活版印刷の登場によって書物の大量生産が可能になったが、それでも文字は本という物質と結びついていた。音楽という情報の媒体は演奏ではなく楽譜だったのである。それが20世紀にいたって、ラジオ・テレビから始まり、インターネット上において情報を単独で扱えるようになった。情報と物質を分離できるようになったのである。

　もう一つの要因として、資本主義は最初からあらゆるものを市場化したわけではなかった。19世紀においては、「賃金は労働者の生存維持にとってぎりぎりの低賃金に限界づけられており、したがって労働者の生活様式も、資本主義のもとに完全に包摂されていたわけではない。それは多かれ少なかれ非商品的・非資本主義的諸関係と接合し、それに依存していたのであって、伝統的な消費構造の枠を大きく越えるものではなかった」（山田 1991: 79）。それに対して20世紀の「フォード主義的蓄積体制」は、「大量消費の体制を前提しなければならない。それは、非資本主義的領域と接合していた労働者の伝統的生活様式を最終的に解体し、労働者に資本主義的に生産された消費財を購買させ、こうして労働力再生産にかかわるいっさいを資本主義のもとに包摂することを意味する」（山田 1991: 81-82）。かくして、「市場関係（消費財市場における、対象の商品としての購買）という回路をとおしてしか、自己を充足することのできない欲望の主体の大量的な創出」（見田 1996: 30）へと至るのである

　市場化の対象が、最初は人々が手にする具体的な〈もの〉だったのが、人々のライフスタイル全体へと広がっていく。そしてこの過程と並行して、商品の情報化が進んでいく。それは前述のように、物質から切り離された情報が単独で商品として成り立つようになるだけではない。ハードウェアとしての商品にもまた、ますます情報的な価値が付加されていく。木村が述べるように、

　　　消費者の嗜好が多様化するとともに、商品を第一義的「機能」だけでなく、「記号」として消費する割合が高まってくる。「記号」としての消費というのは、人間がもつ「感性」と「意味作用」に依拠したもので、「デザイン性」「ファッション性」「微妙な好み」など感性に訴える要素や、「ライフスタイル」といった、その人のあり方やとりまく生活環境全体への意味づけを提案し、その意味づけを消費することである（木村 2004: 90）

この過程を広告という視点から捉えているのが吉見である。吉見によれば、「19世紀半ばまでの広告は、……全体として社会の周辺的な現象にとどまって」（吉見 1994: 165-166）おり、「……その表現において主役を占めてきたのは常に商品そのものであった」（吉見 1994: 167）。

> ……しかし、1920年代半ば頃から、この広告の基本的なあり方に重要な変化が起こりはじめる。広告はしだいに、商品そのものよりもそれを使う消費者の自己像を主役に据えはじめ、参加型の逸話とでもいうべきものを多く含むようになっていくのだ。つまり広告は、その言説戦略としての準拠点を、しだいに〈もの〉としての商品から消費者の社会的自己へと移行させていくのである（吉見 1994: 167-168）

　このように、情報化したのは社会全体ではない。資本主義がますます情報的要素（商品そのものの情報的要素から、消費者自身の生活の情報的要素まで）を包摂するようになってきたということなのである。このような流れを「情報の消費化」と呼ぶことにする（岡野 2016）。これが、今日著作権や特許などの知的財産が議論の的となっている理由であり、社会全体が情報化したことが理由ではない。「情報はフリーでなければならない」という主張は、このような背景と照らし合わせつつ、その是非を検討する必要があるのである。

　いままでに前例のないこの「情報の消費化」の段階において、「サイバー空間の見えざる手は、サイバー空間誕生時とは正反対のアーキテクチャを構築しつつある」（『CODE』: 8）。「見えざる手は、商業を通じてコントロールを完全にするアーキテクチャを構築しつつある —— とても高効率な規制・制御を可能にするアーキテクチャ」（『CODE』: 8）。情報のどこまでを消費化するかが、今問われているのである。そのような観点から、改めてレッシグの議論を読み解いていくことにしたい。

7　情報はどこまで市場に適合するのか

　市場経済において、私有財産とは占有するものである。では情報の財産、すなわち知的財産は、どこまで占有するべきなのだろうか。前述のボルドリン／レヴァインは、様々な事例を挙げつつ、情報の独占がいかに科学技術や文化の発展を阻害してきたかを示している。たとえばコンピュータプログラムが特許の対象となったのは1980年代以降であるが、コンピュータプログラムの世界が劇的

な進歩を遂げたのはそれ以前の時代である。産業革命期にジェームズ・ワットは蒸気機関の特許の防御に力を入れたが、本当にこれに関する産業が発展したのは特許が切れて以降であった。情報は共有されて自由に用いられることによってイノベーションを促すのである [3]。だからこそ、レッシグも述べるように、「……IBMにとっては、Linuxやアパッチ Apache を構築するオープンコードの生産を支持するのは――純商業的な見地からも――筋が通ったことなのだ」(『コモンズ』: 117)。それでは、個人にとってはどうであろうか。つまり情報のクリエーターから見て、他者と情報を共有することにはメリットがあるだろうか。ボルドリン／レヴァインは次のように言う。

> 経済効率化のゴールは独占者をできるかぎり裕福にすることではなくて、まさにその反対だ。あらゆる人の暮らし向きをできるかぎり良くすることなのだ。これを実現するには、作り手の費用は補償されねばならない。いちばん得意なことをする経済的インセンティブを与える必要はあるのだ。だがそれ以上の補償は必要ない（Boldrin & Levine 2010=2010: 180）

　彼らの言い方はあいまいなのだが、協力する（＝知的独占を手放す）ことが、囚人のジレンマのように、回りまわって自分の利得も増すとまでは言えないだろう。社会全体にとって利益になるなら、平均すれば個人にとっても利益になるのかもしれない。だがそのことで個人にインセンティブを与えるのは難しい。囚人のジレンマの場合は全員が協力することによって全員が利益を得ることができる。だが競争社会においては、情報を全員が自由に使えるようにした場合、無一文になって終わる可能性がある。フォン・ノイマンの「マクシミン原理」のように、このような場合最悪の事態を避けて知的財産を保有しておくというのが最善策になるはずである。
　このように、社会全体にとっては知財などないほうが、あるいは制限されているほうが利益になるということ、これは情報が市場経済になじみにくいということと裏腹の関係にある。本来は「所有」になじまない情報を、あたかも所有しているかのように擬制しなければならない。本来共有できるのに、共有できないものであるかのように扱うのが知的財産という考え方だ。もともと情報がフリーであった時代、非競合的リソースである情報は所有権の対象とならず、したがって市場経済には組み込めなかった。もちろん昔から知的創造を行う職業はあったが、それが可能だったのは、一つには市場以外の社会関係（パトロン・教会等）に依拠できたこと、もう一つは情報が物質から分離していなかったことによる。盗作

を試みたところで、コピーが難しい時代には、海賊版の製造にもそれなりのコストがかかったのである。今まで知的財産権が無い時代においてクリエーターが十分に利益を得ることが出来たのは、情報が物質から分離していなかったからである。したがってこれからのますます情報が単独で流通する社会においては、知財に頼らずに情報で身を立てていくのはかなり困難になる可能性があるだろう。

　所有の擬制により情報を市場に組み込んだことのあつれきが今に至る知財の問題を生んでいる。このように考えてくると、「情報はフリーであるべきだ」という議論にも難しさが見えてくる。レッシグも情報を生産するためのインセンティブが必要だと指摘しているが、それはどれくらいになるだろうか。レッシグの書き方では、競合的リソースが「取り尽くされないように、コントロールのシステムが必要となる」わけだが、非競合的リソースだと「コントロールのシステムは、単にリソースが生産されることを保証するために必要となる」ということで、非競合的リソースのほうがコントロールは弱くてよいように読める。しかし、実は情報というリソースを元に食べていこうとしたら、競合的リソースと張り合えるほどのインセンティブにはかなりの金額が必要かもしれない。競合的リソースよりもインセンティブが低かったら、情報で食っていく気にならないだろう。情報産業が成り立つためには情報から得られる利益が競合的リソースと同等でなければなるまい。

　ここで、3人の人物からなる社会があり、それぞれが、食料（A）、衣料（B）、そして小説（C）を生産しているとする。衣料も小説も毎日新しいものが必要だとして、小説家Cが食べていくには、結局他の2人と同じだけの収入を保証する

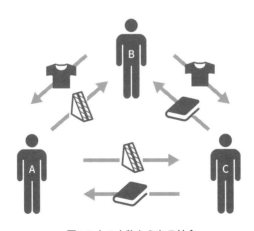

図：3人の人物からなる社会

必要がある。インセンティブさえあればよいと言っても、それくらいの金額には
なるわけである。ろうそくの火のようなメリットを生かすならＡにだけ売ってＡ
がＢにコピーすればよいが、それではＣの収入は半減する。あたかもコピーでき
ないものであるかのように、小説をＡ、Ｂそれぞれに売るしかない。人にろうそ
くの火を与えた者は、自分のろうそくの火を吹き消さなければならないのである。
　事実、フリーソフトのクリエーターは何らかの組織に属しつつ余暇を利用して
作業しているか（トーヴァルズなど）、あるいは財団を設立して寄付などで賄う
かである。実際、企業にとってもフリーソフトは大変有益であるからこそ、その
ような運営が成り立っている。
　また論文や著書という形で情報を算出している大学教員は、大学からの給料と
いう形でインセンティブを得ており、そのようなコントロールが嫌いであれば、
特許の取得といった形で共有を犠牲にして収入を得るしかないことになる。単独
の人間が情報で稼いで食べていくことは非常に難しいのであって、その理由はま
さに情報が非競合的リソースであるからである。
　確かに金銭だけがインセンティブではない。就職か大学院進学かを決める際に、
金銭には代えがたい魅力を学問に見出したからこそ研究者の道を選んだ、という
人は多いだろう。レッシグも述べている。

　　……ソフトウェアの場合、あるボランティア調査によれば、貢献者のかなりの
　　部分は、純粋な知的刺激が欲しいという動機を持っていたり（45パーセント）、
　　自分のプログラミング技能を向上させたかったり（41パーセントがこれをトップ
　　スリーの理由の一つに挙げている）する。
　　　……オープンソースプロジェクトやフリーソフトプロジェクトの開発者たち
　　が、多くの人にプロジェクトが共有されることを願うという強い動機を持って
　　いる……（『REMIX』：162-163）

　しかし、ハードウェアのクリエーターよりもソフトウェアのクリエーターのほ
うが、より知的刺激を満たしている、等と言えるのだろうか。このような考え方
をすると、ついつい情報社会論的な、情報の特権視につながりかねない点には注
意が必要だ。つまりインセンティブを高めるためには：

　1）情報の共有は諦めて、情報を消費化して市場経済に組み込む。
　2）情報の共有を重視して、市場経済以外のところで情報の生産を行う。

このどちらかになる。これらのバランスをとるのがレッシグの言うハイブリッド経済ということになるが、それはより価値を生み出すものというよりは、中途半端な妥協のように思えてならない。情報のクリエーターはある程度の我慢を強いられ、共有はある程度制限され、コピーはできたりできなかったりする。まさに今の状況なのである。

8 展望——市場以外のネットワークへ

　ここまで、今日の社会について考えるにあたって、情報をどのように位置づけるべきかを考察してきた。「情報」と「物質」の分離は、情報処理の高度化に伴って自然に現れる現象である。典型が生物における神経系の進化である。外界からの刺激への単純な反応として営まれていた生命活動が、神経系による情報処理が介在することによって複雑化し、適応力を増大させていく。同じことが人間社会の内部でも積み重ねられてきたのである。これは「情報処理の高度化」ではあるが、決して「物質」に比べて「情報」が増大してきたといった事態ではないことはすでに見てきた。しかし、資本主義は別の見方をする。資本主義にとっては市場がすべてであり、商品となりえない純粋な情報は認知の対象とならない。情報を物質から切り離して保管・移動・評価することが可能になったことで、資本主義にとって、社会は情報化してきたわけである。これを筆者は「情報の消費化」と呼んできた。

　しかし、「消費化可能」であることと、「消費化すべき」かどうかということは、別の問題である。著作権や特許の登場から今までの長い年月において、情報がこれだけ「消費化可能」になったことは今までにない。このような新しい事態に直面して、私たちは今までにはあり得なかった判断をしなければならなくなった。それはちょうど、医学の発達によって心肺機能の維持が可能になったことで、改めて「脳死は人の死か」を決めなければならなくなったのと似ている。私たちはどこまで情報を消費化するべきなのか。このことをめぐる社会的な合意はまだまだ困難であり、結局関係者の力関係、利害関係が政策を方向づけている。そのような身もふたもない現状に論理の力で方向性を与えようとしたのがレッシグであった。

　だが、レッシグの知財重視の立場に対抗する議論には、2つの異なった根拠づけが含まれている。一つは、情報には「非競合性」という特徴があり、ゆえに「コモンズの悲劇」は生じ得ず、インセンティブの問題だけが残る（それ以外のコントロールは必要ない）という論点、もう一つは、市場（交換）経済以外に贈

与に基づく共有経済が重要であるという論点である。そして「非競合性」の議論は次第に弱くなり、共有経済が表に出てくる。前者の議論については、それではどの程度のインセンティブが必要かと考えると、結局「競合的リソース」と同程度のものが必要になってしまう。後者の議論については、それ自体は有効な主張でありながら、知的財産に特有の議論ではなくなってしまう。

　批判的に見れば、後者の議論では情報に固有の問題が無くなってしまうところを、前者によって覆い隠したと言えなくもない。レッシグのこれらの論点は、どちらも重要なものであることは疑いないが、互いに違うものであり、切り分けなければならない。しかし、レッシグの議論からはどうしても、「情報＝共有経済」、「物質＝商業経済」という暗黙の前提が見えてくる。ハッカー倫理的なインセンティブの強調、情報のクリエーターは金銭以外のものに生きがいを見出すという想定もその一つである。金銭以外のインセンティブはどのような（情報関係以外の）職業にとっても重要なものであろう。なのに、なぜ情報が特別視されるのか。これはやはり、情報というものが資本主義となじみにくいという問題から来ているのではないか。ここから、一方で情報はフリーであるべきであるという主張に、もう一方で独占的な知的財産としての資本主義への組み入れへと、分裂してしまうのである。

　この分裂を回避する方法はあるのだろうか。まだ明確な結論は出せないが、一つの考えられるシナリオについて概略を述べて締めくくりとしたい。情報の共有は社会全体にとって利益になると述べた。その全体の中には本人も含まれる。情報の共有が結局は自分の利益になることが保障されるなら、十分なインセンティブになる。しかしそれを競争が妨げている。ここを何とかできればよいのである。そこで考えてみると、先ほどの3人のモデルでは、情報を共有するのは物質生産者であり、同じクリエーターではなかった。そこでの共有は何も価値を生み出していない。とすると、むしろ情報を共有するべき相手は同じクリエーター同士なのではないか。情報を共有するネットワークを何らかの形で構築し、それを市場とは分離すれば、妥協やバランスなどではなく、本当の（情報と市場との）共存が可能になるのではないか。

　そのためには、市場とは別の情報流通ルートが必要になる。これは情報を「消費化」しないということではない。それでは情報では食っていけなくなる。情報を一方で消費化して知財として活用する一方で、市場以外にも多様な情報流通ルートを作っていくということである [4]。

　その一つの萌芽的なモデルが大学などの研究機関ないし学会組織であろう。科学というコミュニケーションのネットワーク、芸術というコミュニケーションの

ネットワーク等々が、経済というコミュニケーションのネットワークとは別に自律的な力を得て機能し、一人一人の人間が、市場だけではない多様なネットワークに同時に参加していく[5]。このような多元的な社会のモデルは、市場だけに集約されないサステナブルな社会の実現、そして主権者の民主主義の「深化」につながるものを持っているように思われる。

【注】

[1] その意味では、本論は、2011年に構想を立てた「著作権の社会学」（岡野 2011）を一歩前に進めるための試論である。

[2] このような規制はネットワーク上だけに見られるものではない。たとえば、「ロバート・モーゼスはロングアイランドに橋を造ってバスを閉め出し、もっぱら公共交通に依存するアフリカ系アメリカ人たちが公共の砂浜に行くのをむずかしくした」（『CODE』: 181）という現実空間における事例も、アーキテクチャを用いた規制の一例である。

[3] ちなみに、ボルドリン／レヴァインは知的財産の「独占＝monopoly」に反対しており、その理由は自由競争を阻害するからである。彼らは市場経済を擁護する観点から立論している点に注意する必要がある。

[4] その意味では、日本の著作権法にあるような「私的使用」、つまり家族等の間ではコピー自由という発想は成り立たない。情報をただ享受するだけの場合はろうそくの火の恩恵は受けられないのである。

[5] 逆に言えば、そのようなネットワークに参加することを拒否する一匹狼タイプの発明家や芸術家は、市場というネットワークのみに参加することによって、情報の共有のメリットを放棄していることになる。近年の知財戦略に走る大学組織も同様である。

【文献】

Boldrin, M., & D. K. Levine, 2010, *Against Intellectual Monopoly*, New York: Cambridge University Press. （=2010, 山形浩生・守岡桜訳『〈反〉知的独占 —— 特許と著作権の経済学』NTT出版.）

木村忠正, 2001, 『デジタルデバイドとは何か —— コンセンサス・コミュニティをめざして』岩波書店.

————, 2004, 『ネットワーク・リアリティ —— ポスト高度消費社会を読み解く』岩波書店.

Lessig, L., 1999, *Code and Other Laws of Cyberspace*, New York: Basic Books. （=2001, 山形浩生・柏木亮二訳『CODE —— インターネットの合法・違法・プライバシー』翔泳社.）

————, 2001, *The Future of Ideas: The fate of commons in a connected world*, New York: Random House. （=2002, 山形浩生訳『コモンズ —— ネット上の所有権強化は技術革新を殺す』翔泳社.）

————, 2004, *Free Culture: How media uses technology and the law to lock down culture and control creativity*, New York: Penguin Press. （=2004, 山形浩生・守岡桜訳『FREE CULTURE —— いかに巨大メディアが法をつかって創造性や文化をコントロールするか』翔泳社.）

————, 2008, *Remix: Making art and commerce thrive in the hybrid economy*, New York: Penguin Press. （=2010, 山形浩生訳『REMIX —— ハイブリッド経済で栄える文化と商業のあり方』翔泳社.）

見田宗介, 1996,『現代社会の理論 —— 情報化・消費化社会の現在と未来』岩波新書.

岡野一郎, 2011,「著作権問題への社会学的アプローチ —— 消費とコミュニケーションの接点」,『社会情報学研究』(日本社会情報学会), 15(2): 97-108.

————, 2016,「消費化／個人化の観点による情報社会論の再検討 ——「情報化」から「情報の消費化／個人化」へ」,『社会情報学』(社会情報学会), 5(2) 37-51.

名和小太郎, 1999,『デジタル・ミレニアムの到来』丸善ライブラリ.

Polanyi, K., 1977, (ed. by Harry W. Pearson), *The Livelihood of Man*, New York: Academic Press.（=1998, 玉野井芳郎他訳『人間の経済 Ⅰ・Ⅱ』岩波書店.）

山田鋭夫, 1991,『レギュラシオン・アプローチ —— 21 世紀の経済学』藤原書店.

吉田民人, 1990,『自己組織性の情報科学』新曜社.

吉見俊哉, 1994,『メディア時代の文化社会学』新曜社.

《事例に即して資本主義の今後を考える》

資本主義はいかにして終わるのか
—— 移行論の新たな展開に向けて

山田信行

1 課題

　21世紀初めの現在は、グローバル化の時代として把握されてきた。しかし、グローバル化と軌を一にして、資本主義は遠からず終焉を迎えると声高に叫ばれてもいる。とりわけ、日本においては、いわゆるバブル経済の崩壊以降、およそ20年以上にわたって、ほとんど経済成長が経験できない事態が続いているため、経済成長を顕著な特徴とする資本主義が存続できないのではないかという危惧が大きいためか、こうした議論が横行している（水野 2015）。

　こうした議論の系譜には、資本主義以後のシステム、すなわち「ポスト資本主義 post-capitalism」を構想・展望するものが連なっている。要するに、資本主義の重要な種差性 specificity である経済成長が成し遂げられない以上、資本主義は別のシステムにとって代わらざるをえないというわけだ。例えば、経済成長を前提としない、「定常型」のコミュニティ社会の構想などがそれに該当しよう（広井 2015）。

　しかし、こうした議論においては、資本主義というシステムが存続しえない根拠が強調され、資本主義にとって代わるシステムが展望されている一方で、どのようにして資本主義から「ポスト資本主義」にとって代わるのか、ほとんど言及されることがない。資本主義は、どのようにして、あるいはどのようにすれば、別のシステムにとって代わるのであろうか。本論は、この問いを本格的に検討するための予備的考察である。

　そもそも、もし資本主義から「ポスト資本主義」にとって代わる事態が起こるとすれば、その現象は移行 transition として把握されよう。従来、資本主義というシステムの研究の一環として、その成立に大きな関心が払われてきた。つまり、資本主義への移行をめぐる議論がそれである。この際、資本主義に先行するシステムとしては、封建制が想定されてきた。封建制から資本主義への移行のメカニ

ズムが、議論の対象になってきたのである。

　グローバル化の背景の1つとして、社会主義の崩壊による市場の普遍的拡大が指摘されるように、資本主義は、グローバル化に伴ってあらためて、その「普遍性」が確証されてきている。社会主義の崩壊は、ひとたび資本主義にとって代わるシステムとして期待された社会主義も結局再び資本主義へと転換することになったことを示しているといえよう。すなわち、資本主義への移行については、かつて議論された封建制からの移行にとどまらず、社会主義からの移行も考察の対象になっているわけだ。

　こうした事態は、結局現在の時点から回顧する限り、資本主義と出会って、それに解体されることがなかったシステムは存在しないことを意味するのではなかろうか。そのような意味でも、資本主義は「普遍性」を担うものと判断されよう。したがって、「ポスト資本主義」の成立を語るためには、それへの移行のメカニズムを明らかにする必要があるとともに、そもそもそのメカニズムは、「普遍性」の実現に照準を当てて、資本主義への移行を検討することによって明らかにされるのではなかろうか。

　要するに、あらゆるシステムに優越して（あるいはそれを解体して）成立・拡大してきた資本主義からの移行を考えるにあたっては、資本主義への移行を理論的・経験的に考察することを通じて、そのメカニズムが明らかにされる必要があろう。あらゆる社会に「優越」する資本主義にとって代わるのであれば、資本主義の「普遍性」を掘り崩す論理とそれを可能にする社会関係が形成される必要があろう。「ポスト資本主義」への移行を可能にするためには、それらを提示することが求められるはずである。その結果、グローバルな資本主義に対抗する社会勢力にも、資本主義への対抗戦略が明示されることになるのではなかろうか。この点をふまえて、主要な「ポスト資本主義」論を検討してみよう。

2　資本主義からの移行／資本主義への移行

　念のため断っておけば、グローバル化の時代においては、必ずしも資本主義の終焉だけが議論されているわけではなく、資本主義の新たなあり方を検討している議論も存在している。例えば、フランク（Frank 1998）は、資本主義の新たな将来像としてアジアの台頭を指摘している。この指摘は、アメリカ合州国のヘゲモニーが崩壊したあと、台頭してきている中国が新たなヘゲモン hegemon となりうるのかといったアクチュアルな問題にも関連する課題を提起しているといえよう。

しかし他方では、資本主義の終焉を主張する議論が隆盛をみている。とりわけ、日本においては、「失われた20年」という標語が象徴するように、いわゆる「バブル経済」の崩壊以降、1990年代の初めからおよそ20年にもわたって、ほとんど経済成長がみられない長期的なデフレ経済が継続してきた。このことを背景にして、日本においては終焉論が展開されているように思われる。そのほかにも、生態系の危機に代表される環境問題、社会的格差の拡大とそれに伴う社会不安、さらにはオルタナティブを志向する社会運動の一定程度の高まりといった要因も資本主義の終焉を説く議論に加勢しているかのようだ。

　翻っていえば、従来から資本主義の危機を指摘する議論は山積されてきた。オーソドックスな「全般的危機」論を経由して、1980年代以降はいかに資本主義というシステムが再生産装置を多数保持しているかが関心を集めてきたことも記憶に新しい。例えば、レギュラシオン理論などがそれに該当しよう。すなわち、ここには、危機による資本主義の崩壊あるいは終焉から、危機を克服する資本主義のメカニズムへのプロブレマティークのシフトがみられる。そのような意味では、「失われた20年」を経由することによって、とりわけ日本においては、危機による終焉論へと研究関心が回帰したといえるかもしれない。

　こうしたプロブレマティークの回帰を1つの背景とした「ポスト資本主義」論について、その代表的な主張を概観してみよう。内容に即していえば、終焉論は限界論と展望論に区別できよう。

2.1　限界論

　実は、資本主義の終焉を最も強調している論者の1人は、ウォーラーステイン（2003）である。ウォーラーステインによれば、現在の世界システムである資本主義世界経済 capitalist world-economy は、「臨界点」に到達しつつあるという。ここにおいては、システムの混乱（カオス）は新たなシステムの「分岐 bifurcation」をもたらすというのである。その根拠としては、資本主義世界経済を維持してきた蓄積メカニズムが限界に直面していることが指摘される。すなわち、周辺ゾーンにおける低賃金労働力プールの枯渇、中核ゾーンにおける中間階層 middle strata への締め付け強化、エコロジーの危機、および移民の著しい増加に伴うコストが指摘されている。

　ウォーラーステインによれば、こうした限界を克服するにあたって、2つのシナリオが存在するという。1つは、アメリカ合州国の地位の低下とそれに伴う国家間システムにおける競争の激化であり、ネオ・ファシスト国家が台頭する可能性である。もう1つは、アメリカ合州国の半社会主義化と福祉国家の再整備（労

働力の「脱商品化」の進展）というシナリオである。いずれにせよ、2025年から2050年にかけて、長期波動のB局面（下降あるいは停滞局面）において「最後の審判」が下され、世界システムは資本主義にとって代わる新しいシステムへと移行することになることが強調されている。

ウォーラーステインの強い影響を受けている水野和夫（2014）も、終焉論を強調する論者の1人である。水野によれば、1970年代からすでに資本の蓄積と成長の限界を示す兆候が見られるという。すなわち、利子率の低下、交易条件の悪化と利潤率の低下、および新興国の台頭による「自由に占有できる陸地」の減少（それに伴う資源および市場確保の困難）がそれである。結局、資本主義は延命策として「電子・金融空間」を確保することによって、「ファイナンシャリゼーション financialization」を選択してきたものの、中国のバブル崩壊などを契機として、定常状態に移行せざるをえないという。

2.2 展望論

以上のような限界論に対して（あるいはそれに関連して）、資本主義にとって代わる「ポスト資本主義」社会を展望する議論も存在する。例えば、広井良典（2015）による「定常社会」論がそれに該当しよう。広井によれば、現在問題化している格差の拡大と生態系への負荷の増大に鑑みれば、市場経済と限りない経済成長は困難であるという。それらにとって代わる社会は、成長を前提としない「コミュニティ経済」であり、そこでは社会福祉の充実と自然環境との共生が模索されるべきであるという。

フランスで議論されている「連帯経済」論（Laville 2007=2012）も、相対的に小規模なコミュニティをベースにした互酬的関係に基づく経済が模索されている。そこでは、労働者協同組合や労働組合の参加を通じた民衆による経済がうたわれている。こうした「連帯経済」の思想的背景には、いわゆる「ネオ・ポランニー主義」があり、互酬性に基づく貨幣経済、すなわち市場と再分配（非貨幣経済）との媒介が志向されているのである。より具体的にいえば、企業による社会規範の内部化（「社会的企業」）、市場経済と非市場経済の民主化、経済への平等な参加、経済と他領域とのバランス確保（政治と経済とを媒介する公共空間の整備）、および貨幣経済の相対化などが追求されている。その具体的な現れは、様々な社会で試みられているというのである。

ライト（Wright 2010）も、「リアルなユートピア」論として「ポスト資本主義」社会を展望している。彼によれば、「リアルなユートピア」を実現するためには3つのステップが必要になるという（Wright 2010: 20-25）。すなわち、①体

系的な診断と既存の世界の批判、②オルタナティブの構想、および③オルタナティブに付随する障害、可能性、およびディレンマへの理解がそれである。③のステップをふまえることによって、オルタナティブの要件（望ましさ、妥当性、および達成可能性）が明確になるというわけだ。結果的に、ライトが主張する「ポスト資本主義」社会は、ラディカルな「民主的平等主義democratic egalitarianism」であり、それを支える制度が「リアルなユートピア」ということになる。

　ライトが指摘している「リアルなユートピア」の制度は、「参加民主主義」と「社会的経済」を基調とするものであり（Wright 2010: 154; 191-193）、例えば、参加型自治体予算、ウィキペディア（Wikipedia）、労働者協同組合（workers' cooperative）、あるいは普遍的な株式課金による賃金取得者基金などである。以上の制度によって支えられる「ポスト資本主義」社会への転換については、ライトは、3つのロジックを提示している。つまり、既存の制度的規制をかいくぐるかのような「すきま戦略interstitial strategy」、「共生による転換symbiotic transformation」、および「亀裂による転換ruptural transformation」がそれであり、それぞれアナーキズム、階級妥協、および革命という状況に対応しているという（Wright 2010: 304）。

2.3　構造論・移行論の欠落

　以上のような、主要な「ポスト資本主義」論について評価を試みよう。資本主義から「ポスト資本主義」への移行について検討するにあたっては、まず資本主義とは何かが明らかにされる必要があろう。従来から議論されてきたように、前資本主義社会から資本主義社会が形成されるにあたっては、その構造が改変される必要があるのだった。ここで、構造とはしばしば当該社会の成員が意識せずにとり結んでいる社会関係であり、その他のすべての社会関係は構造の制約のもとで作動している。ちなみに、システムとは、そうした構造的制約のもとで作動する社会関係の様々な様式を意味する概念である。例えば、フォーディズムやポスト・フォーディズムなどは、構造ではなくシステムをあらわす概念として把握できよう。

　それでは、資本主義の構造とは、どのような社会関係であろうか。ここでは、以下のものを構造として把握することにしたい。すなわち、自由な賃労働、一般化された商品生産、拡大再生産、経済と政治との分離、および局地的権力の廃絶がそれである。これと対比されるかたちで、前資本主義社会やポスト資本主義社会のそれぞれの構造を措定できよう。もっとも、ポスト資本主義社会については、

表：「ポスト資本主義」論における構造転換への言及

	Wallerstein	水野	広井	Laville	Wright
賃労働	△	×	×	○	○
一般化された市場	×	×	△	△	△
拡大再生産	×	○	○	×	△
政治と経済との分離	×	×	△	△	△
局地的権力の廃絶	×	×	△	△	×

かつての社会主義にとって代わる社会がいまだ説得的なかたちでは構想されておらず、その実現可能性については不確定であるため、明示的にはその構造を提示することは困難かもしれない。しかし、いやしくも資本主義とは異なる社会であることを念頭に置けば、ポスト資本主義は脱商品化された、自由な労働のもとで作動することが求められよう。

　前資本主義社会における構造は、以下のように措定されよう。すなわち、不自由労働、限定された商品生産、単純再生産、経済と政治との結合、および局地的権力の一般化がそれである。前資本主義社会から資本主義社会が成立する際には、前者から後者への移行を通じて、こうした構造が転換することになる。この際、労働のあり方、商品生産のあり方、および生産活動のあり方の3つが、とりわけ資本主義の種差性specificityを体現する関係として重要となろう。

　換言すれば、こうした構造からの転換が進まなければ、そもそもポスト資本主義社会は形成されることがない。既存の「ポスト資本主義」論は、表にまとめられるように、こうした構造転換への言及がほとんどみられない。要約していえば、資本主義の限界を指摘する限界論には、資本主義にとって代わる社会に関する展望論が欠如していることが多いうえに、資本主義にとって代わる社会が形成されるプロセスに関する移行論も欠落している。同様に、展望論にもこうした移行論が明示的に語られているものは少ないのである [1]。

　このように把握される「ポスト資本主義」論においては、要言すれば構造と移行に関する考察が不足しているといえよう。翻っていえば、資本主義からの移行を論じるにあたっては、資本主義の構造とそれが形成されるプロセス、つまり資本主義への移行に関する考察が前提とされるはずである。こうした考察を通じて、ここで考察しようとしている資本主義が体現する「普遍性」についての理解を深めることも可能になろう。

　資本主義への転換は、なによりもその基軸的な社会関係である資本と賃労働と

の関係の成立が不可欠であることも忘れてはならない。資本と賃労働との関係を主導するものは、いうまでもなく資本であることはいうまでもない。資本主義社会とは、資本（の利害関心）によって社会関係が優越的に編成される社会であると定義できよう。前資本主義社会から資本主義社会への移行において、それを主導するのは資本であり、資本のあり方、より特定していえば資本の形成のあり方によって構造転換も影響を受けると考えられよう。それでは、移行において資本はどのように形成されるのであろうか。

3　労使関係の歴史社会学・再論

　資本はそれ自体関係であるものの、その関係の担い手は資本家という人格的存在である。われわれは、これまで資本主義社会への移行において、当該社会における資本家の社会的出自に注目することによって、その後の資本主義発展と労使関係のあり方に差異が生まれることを理論的・経験的に考察してきた。すなわち、「労使関係の歴史社会学」という試みがそれである（例えば、山田1996）。
　「労使関係の歴史社会学」においては、資本家階級の社会的出自を相互に排他的な3つに類型化することによって、労使関係と資本主義発展のあり方を3つに類型化した。すなわち、類型Ⅰにおいては、資本家階級は前資本主義社会における支配階級（土地所有階級および／あるいは商人資本家階級）から形成されるのに対して、類型Ⅱにおいては、資本家階級は前資本主義社会における被支配階級（生産者階級）から形成される。さらには、類型Ⅲにおいては、資本家階級は当該社会の外部から到来することが想定される。
　この試みにおいては、それぞれの出自に対応して、移行期が終了した後においても、前資本主義的社会関係が当該の資本主義社会において残存する期間に差異が発生し、そのことが労使関係と資本主義発展のあり方に影響を与えることが想定されていた。すなわち、類型Ⅰにおいては、前資本主義社会における支配階級から資本家が形成されることから、資本家に前資本主義的社会関係に対する「親和性intimacy」が大きく、その結果、前資本主義的社会関係は「長期的」に残存する。
　それに対して、類型Ⅱにおいては、前資本主義社会における被支配階級から資本家階級が形成されることから、資本家に前資本主義社会関係に対する「親和性」が小さく、その結果、前資本主義的社会関係は「短期的」に払拭される。さらに、類型Ⅲにおいては、当該社会の外部から「境界」を超えて資本家が到来することから、資本家は当該社会における前資本主義的な社会関係に対して

「ニュートラル」であり、その存続は「長期的」である場合も「短期的」である場合も想定しうるのである。

　こうした3つの類型のいずれにおいても、「労使関係の歴史社会学」においては、やがて前資本主義的な社会関係は解体され、資本主義的な社会関係の専一化が起こることも想定されていた。つまり、移行期が終了すると、前資本主義的な社会関係は遅かれ早かれ解体されてしまうというわけだ。換言すれば、こうした傾向こそが資本主義の「普遍性」を示しているというわけだ。

3.1　「解体」と「受容」の論理

　しかし、前資本主義的な社会関係が解体されるとはいっても、それはあくまで資本主義発展の最終的な帰結にほかならない。例えば、「労使関係の歴史社会学」においては、資本家階級が前資本主義的社会関係に対して「親和性」が小さいために、それが「短期的」に払拭されてしまう類型IIにおいてすら、雇主優位の労使関係を（再び）とり結ぶことを通じて資本の蓄積と価値増殖を効率的に進めるために、当該社会の外部から前資本主義的社会関係が「調達」あるいは「動員」されることが想定されていたのだった[2]。

　しかし、言葉を換えていえば、資本主義というシステムは前資本主義的社会関係という異質な関係を利用して、システムの効率性を追求するフレクシビリティをもっていることになる。このことは、類型間の差異として設定されていた前資本主義的な社会関係の存続に関する差異についても、異なる解釈を可能にする。

　類型Iに関しては、前資本主義的社会関係の「長期的」残存は、前資本主義的社会関係の「受容」を経由して、結果的にその「解体」をもたらし、その「調達」および／あるいは「動員」という形式で（再）「受容」と「解体」をもたらすというプロセスをたどって、資本主義発展が進行するものと解釈できる。次いで、類型IIに関しては、前資本主義的社会関係の「短期的」払拭は、前資本主義的社会関係の「解体」を経由して、その「調達」および／あるいは「動員」という形式で「受容」を経由し、もう一度その「解体」をもたらすというプロセスをたどって、資本主義発展が進行するものと解釈できる。最後に、類型IIIに関しては、類型Iおよび類型IIが経験するプロセスのどちらも想定しうる。

　つまり、ひとたび成立した資本は、いずれにせよ「異質な」社会関係を「受容」し、資本主義の構造という制約のもとで、その利害関心をあますところなく追求するというわけだ。こうした資本の性向の源泉については、ひとまずは資本主義のもとで貨幣物神が一般的に存立し、資本家が貨幣というかたちでの富に対する飽くなき欲求、つまり致富欲を示すことに求められよう[3]。構造の制約を受け

るという点では、賃労働、商品生産の一般化、および拡大再生産は疑われること
なく成立し、受容されていることを意味している。

3.2　多様な合理性

　このように、資本主義における基軸的な社会関係を構成する当事者の1つであ
る資本については、貨幣物神に突き動かされながらも、資本主義とは「異質な」
社会関係を「受容」するフレクシブルな性向をもっていることが、資本主義の
「普遍性」の（1つの）源泉といえよう[4]。言葉を換えていえば、このことは類
型によって、そこで追求される合理性が異なることをも意味しよう。類型Ⅰにつ
いては、まずは「異質な」社会関係を「受容」する合理性Ⅰによって特徴づけら
れよう。それに対して、類型Ⅱについては、まずは「異質な」社会関係を「解体」
する合理性Ⅱによって特徴づけられる。言うまでもなく、類型Ⅲについては、合
理性Ⅰと合理性Ⅱのそれぞれを体現する可能性があることになろう。このことは、
ウェーバーとその議論のフォロワーによって提起されてきた近代資本主義社会に
おける合理化の進展が、移行の類型によって異なることを確認することになって
いる。

　もっとも、あくまで留意する必要があることは、いずれにせよ、資本主義に
とって異質な社会関係である前資本主義的なそれは、解体されてしまうというこ
とである。その根拠は、構造的制約を受ける資本にとって、その利害関心を実現
するためには、前資本主義的な社会関係は最終的には資本主義的な関係に比べて
効率的ではなく、「受容」も一過的な選択に過ぎないからだといえよう。そもそ
も、「受容」という選択がこうした性格のものでなければ、資本主義への移行は
進展しないし、資本主義的社会関係が支配的な社会は形成されないはずである。

　換言すれば、「受容」とは、短期の効率性を計算した結果に基づく営みであり、
長期の効率性を計算した結果に基づく営み（＝「解体」）とは区別される合理性
の発現なのである。貨幣物神に突き動かされ、賃労働を利用して、商品生産を一
般化し、拡大再生産を追求することによって、致富欲を満たそうとする資本はそ
れ自体、資本主義の「普遍性」を下支えしているといえよう。それでは、もう1
つの当事者である賃労働についてはどうであろうか。

4　停滞＝抵抗の論理

　しばしば知られているように、資本主義への移行は一様に進展するわけではな
い。ある社会においては、それは急速に進展するのに対して、他の社会において

は、それは緩慢に進展する。後者においては、しばしば停滞的な状況として評価され、急速な発展を進めるための方途が検討される。「労使関係の歴史社会学」において、類型Ⅲに設定される発展途上社会においては、こうした停滞がいつも議論を喚起してきた。

　かつての従属理論においては、発展途上社会、すなわち「周辺」においては異なる生産様式の節合 articulation がブロックされてしまい、節合によって特徴づけられる資本主義への移行が進展しないと主張されてきた。これが、いわゆる「低開発」の原因にほかならず、ブロックされた節合は、当該社会の停滞を象徴するものとして把握されたのである（たとえば Amin 1973=1983）。こうした従属理論の認識が誤っていたことは、今日では明らかである。それというのも、節合がブロックされてしまう事態は、必ずしも起こっていないからである。すでに言及したように、合理性を担う資本は、前資本主義的な生産様式、さらにはその社会関係を最終的には解体するからである。

　それでは、賃労働にとっては、停滞的な事態はどのように把握されるであろうか。そもそも、自由な賃労働という社会関係は、それ自体が資本主義における構造にほかならないのであった。例えば、生産様式の節合を通じた移行が緩慢にしか進まず、資本主義的な社会関係が支配的になり、構造が形成される事態も進まないということは、前資本主義的な社会関係が強固であることを意味する。この事態は、資本にとっては停滞として批判的にとらえられるにしても、前資本主義社会における成員にとっては、そのような把握を必要としない。

　資本にとっては、停滞として批判的にとらえられる状況であっても、当該の前資本主義的な社会における成員にとっては、従来からの社会的営みを堅固に継続しているに過ぎない。換言すれば、こうした停滞は、資本によって「解体」も「受容」も行使されない、つまり資本の利害関心によって利用されない「抵抗」を示すものといえよう。すでに確認したように、資本主義社会における基軸的な関係をとり結ぶ当事者の1つである資本には、前資本主義社会を最終的に解体する合理性が想定される。それに対して、前資本主義社会における成員には、そのような「合理性」は必ずしも想定されない。

　資本主義のもとで一般化する商品生産を背景にして成立する貨幣物神に対して、そのようなメカニズムが存在しない前資本主義社会の成員は、必ずしもそれに囚われてしまうことはなかろう。彼（彼女）らは、資本主義を特徴づけている物質主義的な意識を持っているとは限らず、生存が維持できる sustainable だけの生活水準で生きている方が一般的である。つまり、そうした生活水準であることを苦にすることなく、それに甘んじることに潔い成員が、はるかに一般的であると

いうことである。

　こうした事態は、資本にとっては「停滞」であり、自らの利害関心の実現に対する「抵抗」となるかもしれない。要するに、資本にとっては前資本主義社会それ自体を完全にコントロールすることは必ずしもできないということである。すでに言及した「解体」と「受容」についても、資本が主導する営みを超える部分が存在する可能性があるということだ。翻っていえば、資本主義の「普遍性」は前資本主義社会のあり方によっても影響されているのである。

　前資本主義的社会関係は、「受容」というプロセスに媒介されることを含めて、最終的には「解体」されてしまうとしても、資本主義発展に影響を与えている。資本主義の「普遍性」は、前資本主義的社会関係の作動を制御することができてはじめて可能になるともいえよう。さらにいえば、資本は、貨幣物神に囚われて資本主義の構造を再生産し続け、最終的に異質な社会関係である前資本主義的社会関係を「解体」するということが自明の前提であるとしても、前資本主義社会関係が自ら資本主義の構造を形成する契機は存在しない。したがって、前資本主義的な社会関係を「解体」することが必然化されない限り、資本主義の「普遍性」は確証されないのである。

　翻っていえば、資本主義に「抵抗」する前資本主義的社会関係の作動のメカニズムこそ、資本主義の「普遍性」を掘り崩す要因である可能性がある。さらには、そうしたメカニズムが再現されれば、資本主義は終わるのではなかろうか。しかし、何度も言及しているように、資本主義が「普遍性」を体現していることも否定することができない現実である。現在の世界、とりわけ先進社会、あるいは世界システムにおける中核ゾーンにおいては、本来的な意味で前資本主義的な関係を見出すことは困難になりつつある。

　したがって、とりわけ世界システムにおける中核ゾーンにおいて、資本主義に「抵抗」する前資本主義的な社会関係のあり方を追求するとすれば、多くの場合、歴史にそれを求めざるをえないであろう。具体的には、停滞＝抵抗の歴史を確認することを通じて、資本主義が終わるための関係のあり方とその作動メカニズムを解明する必要があろう。その際、「労使関係の歴史社会学」の類型をも、考慮する必要があろう。類型Ⅰでは、前資本主義的社会関係の「長期的」残存が想定されていた。考察してきたように、その原因は資本がそれを「受容」するからにほかならない[5]。

　したがって、類型Ⅰの社会においては、他方において停滞＝抵抗をもたらす前資本主義的関係も「長期的」に残存する可能性があろう。さらには、類型Ⅲの社会においても、その多くが発展途上の社会、あるいは世界システムにおける周辺

ゾーンであることから、前資本主義的社会関係は未だに相対的に多く残存していることが想定される。つまり、類型Ⅰと類型Ⅲの社会において、停滞＝抵抗を指し示す事例を検討していくことが求められるのである。

5 事例の検討に向けて

それでは、具体的にはどのような事態が、停滞＝抵抗のそれとして把握できるであろうか。いくつか、注目される現象や事態について、検討を加えてみよう。

5.1 「中農標準化」

資本主義社会が形成されるにあたっては、自由な賃労働がその構造として形成されなければならない。容易に推測されるように、社会の構成員として大多数を労働者が占めるためには、前資本主義社会における生産者、その多数を占める農民から労働者が形成されなければならない。つまり、農民が生産手段から切り離されて、いわゆるプロレタリアートになる階級転換が求められる。

こうした分解は、従来農民層分解として把握されてきた。そこでは、相対的に少ない農民が資本家に転換するのに対して、圧倒的多数はプロレタリアートに転換し、自らの労働力を商品化するために、都市に移動して工場労働に従事することが想定されていた。このプロセスは、同時に農業が資本主義化することにほかならなかった。こうした分解の原因は、しばしば商品経済の拡大に求められ、商品経済に巻き込まれた農民が債務を重ね、その結果生産手段である土地の売却を強いられて、プロレタリアートに転換するというシナリオが想定されていた。さらには、貨幣物神に囚われた資本家が、その利害関心を国家にインプットし、その利害関心を実現するための政策を通じて、土地を収奪するプロセス（いわゆる「囲い込み」）も確認されていた。

しかし、日本などの後発的な社会においては、いわゆる両極分解として把握される農民層分解は必ずしも確認できず、上層と下層のそれぞれ少数の農民がそれぞれ資本家とプロレタリアートに転換するものの、多くの中農層はそのまま農民としてとどまり、その結果農民層の分解が進展しないことが知られてきた。いわゆる「中農標準化」の傾向がそれである（例えば、栗原 1974; 大内 1969）。このプロセスについては、一定の理論的説明が提示されている。

後発的な社会においては、とりわけ当初においては資本主義の発展が必ずしも急速ではないために、農民から資本家に転換する割合はわずかである一方で、同様に資本主義の発展が急速でないために、農民が労働力として吸引されない。後

発的な社会においては、早くから資本集約的な先進技術が導入されるため、この傾向は強化される。そのため、結果的に農民層の両極分解は進展せず、中農に「標準化」したというわけだ。この背景には、資本主義の「段階」に関わる議論が存在し、いわゆる「帝国主義」段階においては、こうした傾向がとりわけ進展すると考えられてきた[6]。

　しかし、これまでの議論は、資本主義の論理を前資本主義社会に適用することに終始しているように思われる。すなわち、移行期を含めた資本主義発展の初期局面においては、農村においては前資本主義的社会関係が残存していることが想定されるし、すでに言及したように、資本主義の論理は前資本主義的社会関係を必ずしも制御できないと考えられる。換言すれば、「中農標準化」という現象の背景には、前資本主義的社会関係が残存する農村の論理が存在しているのではなかろうか。資本主義的農業が成立しえないことが「中農標準化」論の1つの論点であるとすれば（玉 1995）、そこには前資本主義的社会関係に由来する停滞＝抵抗の論理が存在するかもしれない。

　すなわち、資本の論理（貨幣物神）あるいは経済的な利害関心とは異なった、自ら農村にとどまり、農村における社会関係の持続を選択することを通じて、結果的に農業を継続することを選んだ農民の主体的営みが存在する可能性があるということである。とりわけ、類型Ⅰという前資本主義的社会関係が「長期的」に残存する日本においては、そうした論理が作動している傾向が顕著であることも期待される[7]。前資本主義的社会関係の論理について、日本におけるその具体的な事例を分析することが有益となろう。

5.2　寄生地主制

　いうまでもなく、第2次世界大戦後まで、日本の農村を特徴づけるシステムは寄生地主制として把握されてきた。明治の初めに地券が発行され、土地が公式に商品化されると、一部の農民が土地を集約し、土地を失った農民に土地を貸与して耕作させ、地代を徴収するシステムが形成された。これが、寄生地主制にほかならない。このシステムにおいては、多くの地主が、農村を離れて都市に居住したことから、在村地主に対比して、このように呼称されてきた。

　このシステムにおいては、大地主が土地を持たない小作人を支配し、しばしばそこには「経済外強制」の存在が議論されるなど、「封建的」、つまり前資本主義的なメカニズムの存続が指摘されてきた。こうした寄生地主制がユニークなところは、土地が商品化され、資本主義の発展が開始されてから、資本主義的な農業が成立するのではなく、かえって地主制という土地を媒介にした支配システムが

成立したことにあろう [8]。この点は、資本主義への移行が開始されてから、家父長制に基づく家制度が社会にあまねく法制度化された事情と通底している。

先に言及した「中農標準化」という現象と寄生地主制との関連については、様々に議論されてきている。両者がほぼ同じ時期に起こっていたとすれば、いずれにせよ農民がプロレタリアートとして都市に移動することは限定的であったということになる。それというのも、中農は農耕を継続しえたであろうし、土地を持たない小作人たちは地主との関係に包摂され支配されていたからである。さらに、地主についても資本主義的な農業経営を営んではいないことも明白である。

指摘されているように、地主制が存続していることは、その限りでは資本主義の構造である「自由な賃労働」の形成が制約を受けることを意味する。つまり、地主と小作人という両当事者がともに、資本主義的な構造の形成よりも前資本主義的な関係に媒介された地主制のもとにあることを選択しているのであれば、このことは、まさに資本主義発展の停滞を意味するかもしれない。こうした事態が、地主による資本主義的農業の拒否と小作人による労働者への転換の拒否とによって媒介されているとすれば、そこにはやはり資本主義への「抵抗」も見いだせよう。

一般には、極めて抑圧的であるとされ、江戸時代の年貢と変わらないほどの高率小作料を徴収されていながらも、小作人であることにとどまり続けることは不可解にも思える。この説明についても、従来は資本主義の論理ばかりが強調されてきた。すなわち、都市において労働力を吸引する力が小さく、雇用機会が乏しいことがそれである。要するに、かつていわゆる「講座派」の論者によって強調されたように、日本資本主義を特徴づけていた低賃金は、農村における労働力の滞留をもたらすとともに、他方では農村以外に収入の場が乏しいことが高率小作料を可能にしていたというわけである（中村 1979）。

しかし、前資本主義的社会関係が完全には資本によって制御できないことを考えれば、この説明は片手落ちである可能性がある。農村においてとり結ばれる社会関係においては、たとえ小作人であっても「家」という共同体的関係の継続を強く希求する性向が確認される（細谷 1998; 米村 2014）。そもそも、農民たちにとっては、農業労働は肉体摩耗的であり、家族や使用人も含めた「家」の成員による「無償労働」として行われることが一般的であった [9]。このことをふまえるならば、単に経済的な困窮だけでは農民のプロレタリア化が進展しないことはいうまでもない。さらには、一見すると抑圧的であっても、例えば地主－小作関係においても、一定の温情主義的な関係によって媒介されることによって、小作人が農民であることを継続することを選択することもありえよう。

それでは、そうした停滞＝抵抗の存在をどのようにして明らかにできるであろうか。従来、農業経済学において試みられてきた統計データの検証だけでは、そうした存在を明示することはできまい。「中農標準化」にしろ、寄生地主制にしろ、そこで社会関係をとり結んでいる当事者たちの利害関心を記録した記録・日記などの文書を読み解くことを通じて、前資本主義的社会関係の作動を摘出し、資本主義発展への停滞＝抵抗を解明することが求められているのである。

5.3　モラル・エコノミー

　地主と小作人との関係は、類型Ⅲにおける社会についても有益な視座を提供するかもしれない。多くの場合、類型Ⅲに該当する発展途上社会においては、資本主義の発展に伴って、農民による反乱が激しくなる傾向が知られている。これは、多くの社会が経験してきた植民地化とともに支配者が交代することによって、植民地化以前においては、支配者と農民との間で共有されていたルールが失われてしまい、そのことが農民によって容認されないため、かえって不満が高まって反乱が頻発するようになることに由来するという。具体的には、飢饉などによって収穫が減少したときには、支配者もその搾取を軽減しなくてはならないことがルール化されていたにもかかわらず、植民地化によってそのルールが守られなくなってしまったというわけだ。

　モラル・エコノミーは、まさに資本主義化されていない社会において作動する社会関係に基づいており、資本主義が制御できなかった社会関係にほかならない。こうした関係がどのような条件のもとで存続していたのかを解明することによって、停滞＝抵抗の論理を明示できるのではなかろうか。スコット（Scott 1977）がモラル・エコノミーの事例とした社会は、フィリピンであった。同様の事例は、前資本主義的社会関係が「解体」されつくしていない周辺ゾーンには広範に存在することが想定されよう。資本主義というシステムにとって、制御できず、その結果発展の制約、そのような意味での停滞をもたらす可能性があるモラル・エコノミーが維持されるメカニズムを解明することは、資本主義への移行と資本主義からの移行の双方において、重要な貢献になるように思われる。

6　結びにかえて ── 具体的なプランに向けて

　以上、「ポスト資本主義」を展望する際に求められる視座について、確認してきた。これは、移行論を再考する試みであるとともに、「労使関係の歴史社会学」の新展開を志す試みでもある。それというのも、グローバル化の過程で、少なく

とも1990年代半ばにおいては、前資本主義的社会関係が「長期的」に残存することが想定される類型Ⅰの事例であった日本においても、ついに前資本主義的社会関係が払拭されつくしたと考えられるからである。その意味では、21世紀においては、日本社会は類型Ⅰの事例としての妥当性をもたなくなってしまったと考えられる。具体的には、日経連による『新時代の日本的経営』（1995年）において提示された「終身雇用」の放擲と、それに伴ういわゆる「企業社会」の最終的な終焉が、日本社会において長らく確認された、前資本主義的社会関係による労使関係の代替という事態を継続しえないものにしたといえよう。

　したがって、類型Ⅰの事例として日本という社会を位置づけることに妥当性があるとすれば、もっと古い時代においてであるということになろう。このことは、移行論を再考する試みと密接に関係している。すでに言及したように、「受容」および／あるいは「解体」を拒絶して、停滞＝抵抗をもたらすものとして、資本主義の論理とは独立に作動する関係を明らかにすることが、この研究の目的である。その事例として、日本における「中農標準化」における農民がとり結ぶ関係の論理あるいはそこに存在する当事者の利害関心と、寄生地主制における地主と小作人がとり結ぶ関係の論理あるいはそこに存在する当事者の利害関心 [10] とが解明の対象になっているのであった。

　直接的な素材としては、農村の実情を記録した日記などを読み解き、それに新たな解釈を加えることを通じて、研究を進めることが考えられよう。日本においては、『職工事情』、『女工哀史』、あるいは『日本の下層社会』などの労働者を対象とする報告が存在する一方で、農村についても、猪俣津南雄による『窮乏の農村』などが公表されてきた。

　一般的にいえば、明治期以降において、近代資本主義への移行が開始・終了されてからも、農村はいつも貧しい地域として了解されてきた。したがって、必ずしも困窮が際立っていない、そのような意味におけるノーマルな状況を取材した報告書は従来あまり注目されてこなかったように思われる。そもそも、困窮していなければ、農村は調査対象とはならないかもしれない。そうであるとすれば、困窮のなかにあっても、必ずしも致富を追求しないような、あるいは従来の生活や社会のあり方を堅持するように作動する関係の論理を読み解くことが求められよう。

　同様に、寄生地主制についても、地主と小作人との双方において、農村における既存の関係を存続することをよしとする論理とその背景としての利害関心を明らかにすることが目標となろう。従来の研究においては、寄生地主制における小作人搾取を告発することが強調されてきたように思われる。ここでは、そうした

一面的な志向に拘ることなく、当事者にとっての日常性を把握することに努める必要があろう。

　移行論を再構築し、「労使関係の歴史社会学」を事実上改定するこの作業は、日本における労働者形成のプロセスを農村における社会関係を媒介させるかたちであらためて解明するものであり、ポスト資本主義社会を構想するに際して、資本主義の終わり方 [11] を明示するとともに、資本主義の「普遍性」の所在を明らかにすることになるはずである。

【注】

　[1] ライトの議論にしても、「転換 transformation」は「ポスト資本主義」への移行を意味しているものの、そこでは類型化が行われているだけである。資本主義からポスト資本主義への移行において、どのような関係がどのように作動することになるのかについては言及されていない。

　[2] この現象は、多国籍企業による世界システムの周辺ゾーンへの工場移転（「調達」）と移民労働者の導入（「動員」）として分析された。もっとも、2000年以降、移民労働者は雇主優位な関係を編成する担い手というよりも、その社会関係を雇主への対抗手段として動員する主体になっている。いわゆる社会運動ユニオニズムにみられる傾向が、それである（山田 2014）。

　[3] 貨幣物神に関する議論は、マルクスによる価値形態論の一環として提示されてきた。指摘されてきているように、この議論は極めて錯綜しており、難解を極めている。いわゆる「労働価値説」に体現されるように、価値を極めて実体的にとらえる記述があるかと思えば、他方で価値形態それ自体が物象化された商品間の関係性を体現しているととらえる考え方もある（廣松 1987=2010）。『資本論』を資本主義社会の「解剖学」として理解する前提に立つと、価値形態論は貨幣導出論のようにも読むことができるため、資本主義の成立とともに貨幣、あるいはその前提としての商品が生まれたかのような記述がなされていることに当惑してしまうのである。いうまでもなく、商品も貨幣も、資本主義に先行して存在している。そのため、価値形態論の評価についても、理論的展開と歴史的展開とを同一の過程として理解する議論が生まれることにもなったのである。もっとも他方で、価値形態論については、すでに商品経済が大規模に成立していることが議論の前提になっていることも強調されてきており、大規模な商品経済、つまり事実上の資本主義社会を前提にして、物象化と貨幣物神が成立すると理解する議論もある。すなわち、商品交換が大規模に生起することがなければ、貨幣物神も一般的には生起しないということになろう。要するに、資本主義の成立とともに、貨幣物神も一般化し、資本家による致富欲も前資本主義社会とは区別されるものとして把握することができるわけだ。こうした貨幣物神の成立と、それに基づく致富欲が、資本の成立をも一般化すると考えられよう。この点に、前資本主義社会における資本（商人資本）が資本主義への展開を必ずしももたらさない原因を求めることもできよう。もちろん、資本主義においては、賃労働の存在も重要である。自由な賃労働が存在しなければ、資本主義が成立しないことも忘れてはならない。要するに、資本主義発展において、資本と関係をとり結ぶ賃労働も重要な役割を担うということである。

　[4]『資本論』（Marx 1867=1969-70）においては、貨幣は商品交換を通じて論理的に導出され、あらゆる商品の価値を等価するように思念されるものとして、物神性が担保される。さらに、商品交換の範式（W－G－W´）から資本の範式（G－W－G´）に転換（転倒）すること

によって、貨幣物神あるいは資本家の飽くなき致富欲が確証される。この際、前資本主義社会においては、そもそも（商人）資本家以外の商品保持者は、それほど交換可能な商品を持ちえず、あくまで日常生活において偶発的に生じた余剰生産物を交換するにとどまることが想定される。そのため、そこで得られる貨幣収入についても、定収を形成するものではなかろう。このことは、一般の生産者（商品保持者）が貨幣物神に囚われる可能性が大きくないことを示している。資本主義社会においても、そもそも自己の労働力以外に商品を保持しえない労働者が、貨幣物神に囚われて致富欲にかられることも考えにくい。要するに、一般の商品生産者（あるいは小商品生産者）も、賃労働者も、ともに貨幣物神に突き動かされる存在とは考えにくく、言及したような資本主義の「普遍性」を担う存在とも想定しにくい。

[5] さらに考察を進めるならば、資本主義における「受容」こそが、移行を必然化し、資本主義を「普遍的な」システムとして成立させているかもしれない。この点に関する考察は、山田（2019）を参照。

[6] 念のため断っておけば、こうした「中農標準化」傾向が想定される社会は、後発的な社会だけではない。「帝国主義」の段階においては、先発の社会においてもこの傾向が確認されることが強調される（大内 1969: 16-18）。

[7] 類型Ⅲの社会においても、同様の事態が期待できよう。もっとも、「過剰都市化 overurbanization」として把握されるような、農村から都市への大規模な人口移動は、農民の全般的なプロレタリア化であるようにもみえる。もちろん、日本においても都市における「細民窟」の形成や多数の「雑業層」の存在が指摘されてきた点では、「過剰都市化」に類似した現象が確認される。いずれにせよ、このことは、前資本主義的社会関係による停滞＝抵抗の論理は、具体的な社会のレベルにおいて、個別的に検討される必要があることを示唆している。

[8] さらには、こうした寄生地主は小作料からなる所得を利用して株式を取得し、同時に資本家としても成長していった。寄生地主制と資本主義とは、密接に連関していたというわけだ（中村 1979）。

[9]「家」の概念化をめぐっては、それを「生活組織」（有賀喜左衛門）として把握し、農村における地主－小作関係もその一環として把握する試みがある。単なる搾取関係に還元されない地主－小作関係が、資本主義以前から存続し、それによって農民が農村にとどまり続ける選択が下支えされた可能性がある。

[10] いうまでもなく、寄生地主制についても、地域差があることが指摘されている。いわゆる「東北型」・「西南型」、あるいは「東北型」・「近畿型」・「養蚕型」との差異がそれである。こうしたタイプの違いは、この研究が想定する前資本主義的な社会関係のあり方の差異を背景にしていることが想定されよう。

[11] 念のため断っておけば、こうした試みは必ずしも資本主義が必然的に終わることを明らかにすることにはならない可能性がある。資本主義によって制御できない関係を当然前資本主義的なものとは異なったかたちで（再）組織できなければ、資本主義は終わらないからである。したがって、今後の試みはかえって資本主義が終わらないことを明らかにし、そのような意味で資本主義の「普遍性」をさらに確証することになる可能性もある。

【文献】

Amin, Samir, 1973, *Le Développement Inegal: Essai sur les formations sociales du capitalisme péripheriqué*, Paris: Editions de Minut. (=1983, 西川潤訳『不均等発展 —— 周辺資本主義の社会構成体に関する試論』東洋経済新報社.)

Frank, Andre Gunder, 1998, *Reorient: Global economy in the Asian age*, Berkeley: University of California Press.（=2000, 山下範久訳『リオリエント —— アジア時代のグローバル・エコノミー』藤原書店.）

広井良典, 2015,『ポスト資本主義 —— 科学・人間・社会の未来』岩波書店.

廣松渉, 1987,『資本論の哲学』新版, 勁草書房, 平凡社ライブラリー, 2010.

細谷昴, 1998,『現代と日本農村社会学』東北大学出版会.

Laville, Jean-Louis, (ed.), 2007, *L'Économie Solidaire: Une perspective internationale*, Chachette Littératures.（=2012, 北島健一・鈴木岳・中野佳裕訳『連帯経済 —— その国際的射程』生活書院.）

Marx, Karl, 1867, *Das Kapital*.（=1969-70, 向坂逸郎訳『資本論』岩波文庫.）

三宅芳夫・菊池恵介編, 2014,『近代世界システムと新自由主義グローバリズム —— 資本主義は持続可能か』作品社.

水野和夫, 2014,『資本主義の終焉と歴史の危機』集英社.

中村正則, 1979,『近代日本地主制史研究』東京大学出版会.

大内力, 1968,『日本における農民層の分解』東京大学出版会.

Scott, James C., 1977, *The Moral Economy of the Peasant: Rebellion and subsistence in Southeast Asia*, NY: Yale University Press.

玉真之介, 1995,『日本小農論の系譜 —— 経済原論の適用を拒否した5人の先達』農村漁村文化協会.

Wallerstein, Immanuel, 2003, *The Decline of American Power: The U.S. in a chaotic world*, NY: The New Press.（=2004, 山下範久訳『脱商品化の時代 —— アメリカン・パワーの衰退と来たるべき社会』藤原書店.）

Wright, Erik Olin, 2010, *Envisioning Real Utopias*, London: Verso.

山田信行, 1996,『労使関係の歴史社会学 —— 多元的資本主義発展論の試み』ミネルヴァ書房.

————, 2014,『社会運動ユニオニズム —— グローバル化と労働運動の再生』ミネルヴァ書房.

————, 2019,「資本主義はいかにして始まるのか —— 移行の「普遍性」を担保するもの」『駒澤社会学研究』53号.

米村千代, 2014,『「家」を読む』弘文堂.

《東アジア・東南アジアを重視する》

一体化する東アジア・東南アジアの産業構造
—— インドネシアと日本の関係を中心に

中村眞人

1 産業構造のグローバル化とリージョナルな視点

1.1 東アジア・東南アジアにおける地域内国際分業の緊密化

　1978年12月、中国共産党は改革開放政策の実施を決定し、その後、漸次、計画経済への市場メカニズムの導入と対外開放によって近代化を推進していった。政治的な不安定はあったが、工業化と経済成長を実現して、1992年には「社会主義市場経済」のモデルを示すに至った。この中国がWTO（世界貿易機関）への加盟を果たして、工業化の成果による世界市場への参加を確実にしたのが2001年である。

　一方、東南アジア諸国は、1980年代以降、外国からの直接投資を積極的に受け入れ、輸出志向の工業化を、韓国・台湾・香港・シンガポールという先発のアジアNIEsに続いて進めてきた。1997年におけるタイ・バーツの暴落に端を発したアジア通貨危機とそれに続く経済的・社会的な混乱を克服しながら、改革と工業化は進んだ。2015年末には、ASEAN経済共同体を発足させて、域内関税の撤廃と貿易自由化を目指し、外国資本への規制を緩和するとともに、「人の移動」の秩序ある活性化を図ろうとしている。

　東アジア（狭義に中国・韓国など東北アジア地域を指す）および東南アジアでは、工業化とサービス化が強力に進み、国内的・国際的な「人の移動」が活発化して、世界的な「メガ・シティ」に数えられるいくつもの大都市圏が形成されている。東アジア・東南アジアは、今後も生活水準の向上と社会制度の合理化が期待されており、世界のなかでも社会発展が顕著に見られる典型的な一地域となっている（中村 2016）。ここでは特にインドネシアと日本との関係に関心の焦点を合わせて、こうした傾向を事実にもとづいて明らかにしたい。

　第一に、インドネシアは、エネルギー資源、工業原料、食料資源などに恵まれて、東南アジア的な特徴をよく示す天然資源の輸出国としてふるまってきた。し

かし、今世紀に入ってますます、東アジア・東南アジアに展開する国境を越えた地域内分業に積極的に参加することによって、工業生産拠点の受け入れ地として工業発展を遂げつつある。同時に、意識的に、単なる資源輸出から脱却して、もっと付加価値の高い製品の生産へと発展しようとしている。

第二に、この地域内国際分業への積極的な参画は、従来の自立的国民経済を形成しようとする発展戦略からの転換を意味する。インドネシアは、1997年のアジア通貨危機をきっかけとして、一国完結的な国民経済を指向するスハルト体制から脱却し、市場経済の地球的拡大に順応して東アジア・東南アジアの地域内国際分業に参加する道へと転換した。日本など工業化で先発した諸国の企業は、次第に、国有企業や地場資本への優遇措置による排除を受けることなく製造業などに投資できるようになってきた。

第三に、東南アジアの、旧植民地である新興諸国には、共通して、強力な人口増加の傾向が見られる。それは、飢餓や極度の貧困から脱却しようとするそれまでの近代化の努力によって獲得されたものである。そして今や、この人口増加が、豊富な労働力人口をもたらし、直接投資の受け入れ先として人件費の競争優位となって、一層の工業化と都市化を推進している。労働力人口の増大は、地域内国際分業への積極的な参画を可能にする条件である。同時に、農村から都市へ、そして国外へ、という「人の移動」を生み出す。これがこの地域の人口動態に共通する特徴である。さらに、雇用機会の増大は、国内の消費市場を成長させ、製造業だけでなく流通業や各種サービス業も拡大する。

1.2 社会変動論から見たリージョナル regional な国際分業

従来、19世紀から20世紀にかけて地球的規模で観察された産業化、都市化などの一般的な社会構造の変動傾向は、インダストリアリズムの理論（Kerr et al. 1960）や近代化論（富永 1996）といったパラダイムによって認識されてきた。20世紀の終盤以降、社会現象の様々な側面が、国民国家の枠を越えた相互依存性、さらには地球規模の変動傾向のなかに置かれていることが強く意識されるに及んで、従来の認識枠組からの離脱が求められるようになった（Giddens 1999）。確かにインダストリアリズムや近代化論は、ドグマ的な発展段階論の呪縛を解いて社会変動の現実を把握する優れた視座だった。しかし、また、自らの足元にある「国民国家の時代」に拘束されていた。そして、すでに、サミール・アミンらによる従属的発展の理論（Amin 1979）や、その影響を強く受けた世界システムの社会学（Wallerstein 1976）によって、超克が求められていた。

今日の東アジア・東南アジアに見られる新しい動向を認識するためには、個々

の国民社会を越えた広がりである地域内国際分業を重視するとともに、一国の産業構造をそこに包摂されている地域産業構造の複合として見ることが有効である。古城利明（2011）は、現代世界を認識するために「多重的空間編成」という概念を用いている。これは、人間社会の地球的規模における一体化であるグローバル化という現象を分析的に検討していくと、その深層に、国民国家というナショナルな広がりを超えたリージョナルな社会関係形成が顕著に進行し、影響力を強めていること、同時に、国民国家的広がりの内部にある地域社会あるいは地方社会というローカルな社会関係が自律性を強めてきていることを、世界システム論などの成果を踏まえて、構造分析的に見出した議論である。言い換えれば、グローバル化が国民国家に対する否定的契機として現れることを基調としながら、超国家的な連帯と、地方・地域社会的な連帯の強化が進んでいることが指摘されている。この議論をさらに進めれば、地球的規模で見た社会関係の空間編成は、グローバル global、リージョナル regional、ナショナル national、ローカル local という四つの層からなる重層構造として認識されることになる。

　古城（2011）は、さらに、アナール派の社会史研究から示唆を受けて、自然環境的・地政学的な、歴史的には比較的に変化しない長期的要因と、経済活動や社会関係形成という中期的要因と、事件史や政治運動など短期的要因とを区別して、それぞれ別の長さをもつ三つの波動の複合としてグローバルに社会変動をとらえる視点を提示している。その議論からは、なかでも、交易、都市の形成、移住者と定住など、中期的な波動を見出していくことの有効性が理解できる。

　現在、東アジア・東南アジアでは、市場経済のグローバルな拡大を基礎に、企業活動の国際的展開がかつてないほど強力に進行してきている（中村 2009）。一方、国境を越えた「人の移動」が大きな規模で生じている。これらの現実は、「事実上の地域統合」と呼ばれることもある（平塚編 2006）。東アジア・東南アジアでは、国境を越えた企業活動による地域内分業構造の形成が、世界の他の地域にも増して大きく進んでおり、「人の移動」も活発化している。工業生産ではすでにグローバルな一極を形成しており、さらに人口の規模と動態から見て巨大な潜在力をもつ地域であることに疑いの余地はない。

　東アジアおよび東南アジアで進行する地域内国際分業の拡大については、これまで、国際経済などの研究者たちによって、域内貿易の比重の増大など、マクロデータにもとづく議論などが進められてきた（平塚編 2006; 馬田・木村編著 2008）。1980年から2003年までの間に、中国、日本、韓国、台湾、香港と、ASEAN10か国を合わせた東アジア・東南アジア諸国による国際貿易の総額は、5654億ドルから3兆6480ドルへと6.5倍に増大したのに対して、同地域の域内貿易額は

1973億ドルから1兆9109億ドルへと10倍に拡大している（平塚編2006: 3）。

　今日、東アジア・東南アジアにおける経済的な一体性がますます高まるなかで、社会学的視点から見て重要なのは、国境を越えた生産分業構造の拡大による地域内における相互依存性の強化や、各国のそれぞれ異なる人口動態から創り出された国境を越える「人の移動」といった、社会構造的な諸要因である。

　今日では、生産分業構造の拡大と緊密化を構成する諸現象のなかでも、特に、生産のフラグメンテーションと、産業の空間的な集積という、二つの事実が重要である。生産のフラグメンテーションとは、国境を越える企業活動、あるいは企業グループの多国籍的な展開によって、何らかの工業製品の生産が一国の範囲で完結することなく、国・地域の境を越えて、時には東アジア・東南アジア全体にまで至る広い範囲で進められている現実を指す。他方、産業集積は、人的資源や原材料資源の有効利用の観点から見た立地の優位性にもとづいて、生産と流通の拠点が特定の地域に空間的に集中するという顕著な事実である。これは産業化にともなう都市化・都市形成の観点から強く関心を引く事実であるとともに、後で検討する「人の移動」と深く関わっている。

　以上のような視点から、東アジア・東南アジアに広がる地域的分業構造の緊密化について、特にインドネシアと日本との関係に焦点を合わせて検討する。

2　インドネシアにおける産業構造の転換

2.1　首都ジャカルタの景観

　天然資源に恵まれたインドネシアは、中国、インドに次ぐアジア第三の大国である。2015年創設のASEAN経済共同体の人口は6億であり、インドネシアにはその4割が居住している。その首都、ジャカルタは巨大な都市である。ジャワ島北岸にあって、現在、1000万を超える人口を集めて、都市圏としては東京に次いで世界第二位の規模に成長している。

　夜明け前の薄明りのなか、視野いっぱいに広がるこの都市に、一日の最初の祈りを呼びかけるアラビア語が、モスクから響き渡る。イスラームは1日5回の礼拝を課している。静寂を破るこの呼びかけを聞くと、異文化の地に来たことが実感される。イスラームは、この大国の歴史を豊かに彩るとともに、人々の意識の奥深くに根差していて、現代人の生活に規律を与えるものとなっている。女性たちは、それぞれが気に入った色の布で髪と額を覆い、慎み深く自らの伝統を尊重しながら装いを楽しんでいる。

　オレンジ色の日の出とともに、熱帯の強い日差しの下、活気に満ちた一日が始

まる。まず、道路の渋滞である。主要な街路は片側4車線から5車線で、近年は四輪車が主流となった。四輪車はトヨタなど日本の自動車メーカーが現地生産したものがほとんどである。二輪車も同様であり、また排気量の大きな高級機種をよく見かけるようになった。

交通渋滞の激しさは、急成長するアジアの大都市に共通の現象である。ジャカルタの場合、都市の整備が遅れているというよりは、整備の速度を上回って人口集中が続いていると見る方が適切である。自動車でいっぱいの道路の横を、大型のバスが滑らかに走っている。「トランス・ジャカルタ」という公共交通で、専用の車線をもつバスである。屋根の付いたプラットフォームのある停留所から、ICカードを持って自動改札を通らなければ乗ることができない。そして、女性専用席の整った車両は、いつも満員である。

やがて、日暮れの礼拝であるマグリブを告げる声が街に響きわたる。しかし、大都市で働く人々が夕べを過ごす熱帯の夜は、深夜まで休むことがない。

市の中心部には、独立記念モニュメント「モナス」がそびえ、公共機関や大企業が立地している。市の南方には「ブロックM」という地域があり、日本企業の駐在員が現地社会からは独立した消費生活を営んでいる。しかし、一方で、ジャカルタ北方の旧市街であるコタには、トタン屋根の老朽化した家屋のひしめく広大な地域がある。また、政治的抑圧の歴史を持つ中国系の貧困層が集住するグロドック地区にも、公衆衛生や居住の安全性に問題のある建造物が目立つ。そこには、中心部や南方とは対照的な景観が厳しく存在しており、インドネシア各地からの国内移住者を吸収してやまない。

2.2 豊富な天然資源と人口増加

インドネシアは、これまで、石油、天然ガス、石炭など、主要なエネルギー資源を日本に輸出してきた。椰子の実から採れるパームオイルの産出量は世界首位であり、中性洗剤や化粧品の原料として全世界の需要の過半を充たしている。銅、亜鉛など鉱物資源も豊富で、有数の鉱山国でもある。マグロをはじめとした海洋からの水産資源は、海外の食料市場に供給されている。

資源国インドネシアは、現在、工業社会への転換を目指している。工業地帯を整備して製造業の成長がはかられれば、都市化の進行によってサービス業が拡大する。働き手となる年齢層の労働力人口が増大し、雇用機会を求めて、農村から都市へと人口移動が起こった。工業地帯や都市で働き暮らす人々は、金銭収入を得て、これを消費生活水準の向上のために支出する。耐久消費財を購入し、都市生活のためにサービス業の顧客となる。それによって、消費市場が拡大し、さら

に製造業とサービス業が成長する。こうした循環が生まれれば、豊かな天然資源をもつ国は、産業社会へと転換し始める。

2.3 社会基盤整備という課題

　これまで、インドネシアでは、経済の基幹を国有企業が支えて、徐々に経済発展を進めてきた。石油・ガスの巨大な企業集団であるプルタミナ、航空会社ガルーダ・インドネシアなど、エネルギー、交通運輸、金融などの分野を中心に、公社と国有企業はGDPの40パーセント前後を占めている。国内金融資産の三分の一以上を集める四つの大銀行は、いずれも国有である。

　市場メカニズムによる資源配分を重視する見地からは、国有企業の非効率性が否定的評価の対象となりがちであり、確かに国有企業改革は新興国に共通の課題である。ただし、東南アジア、特にインドネシアの場合、私的所有と市場経済においては華人が優勢であるのに対し、政治的な優位性をもつ相対的に土着のエスニック・グループが国有企業など国家セクターに依拠する傾向がある。社会学としては、企業経済とエスニシティとの対応関係という社会構造的要因を見逃すことはできない。

　このように国家セクターが経済現象で優位にある状況にあって、1990年代からは、政府による規制が徐々に緩和されてきており、外国企業による製造業への投資が増加しはじめた。ただし、外資導入による成長と言っても、先発した隣国マレーシアや、中国南方に見られたような、低廉な労働力を利用する単なる輸出志向的工業化とは、方向が異なっている。むしろ、インドネシア政府の開発戦略には、都市と産業基盤の形成、資源産業の高付加価値化などを指向して、これらを国内市場の拡大と生活水準の向上に結びつけようとする意図がうかがえる。

　外国からの資本と技術を導入して工業化を進めるためには、産業基盤を整備することが課題となる。電力やガスなどのエネルギー供給は、産業基盤であると同時に、産業化にともなう都市形成の基盤でもある。さらに、ガスや石炭は、輸出用一次産品にとどまることなく、工業化と都市化によって増大した国内の電力需要をまかなう火力発電のリソースにもなる。火力による発送電施設の整備もまた課題である。道路、鉄道、港湾、空港など、物流と交通の基盤整備が、大規模なプロジェクトとして計画されている。社会基盤整備、工業の成長と、消費市場の拡大は、インドネシアに立地する外資系の製造業にとって、内需の大きな発展を意味する。インドネシアは産業社会としての成長を準備していると見られている。

2.4 膨張する耐久消費財市場

　1945年8月、第二次世界大戦の終結とともに、スカルノとハッタを指導者とするインドネシアの独立運動は、約350年にも及んだオランダなどヨーロッパ勢力の支配に抗して独立を宣言し、なおも独立を認めようとしないオランダとの間に戦争状態が生じた。1949年12月27日、ハーグ協定によって独立は国際社会に承認された。

　1950年に共和国となった時点におけるインドネシアの人口は6954万3千人、当時の日本の人口8219万9千人を下回っていた。しかし、日本の5倍の国土面積を持ち、自然の豊かなこの国で人口は急速に増加を続けた。1963年には両国の人口規模はおよそ9500万人でほぼ肩を並べ、翌1964年、東京オリンピックの年にはインドネシアが日本を追い抜くこととなった。その後も人口増加の勢いはやむことなく、2013年時点では約2億4900万人と、日本のおよそ二倍に達している。

　人口規模もさることながら、こうした急速な人口増加は、人口ピラミッドの形状を変化させる。現在、少子化社会の様相を呈する日本の人口が、子どもの部分が急速にやせ細っていく紡錘型であるのに対して、インドネシアの人口は、15歳から59歳までの働き盛り人口の部分が太く、これを子ども世代の増加が支えていく典型的なピラミッド型で、あたかも擬宝珠の形をしたモスクの屋根を見るようだ。

　話を単純化して、一国について、15歳以上65歳未満という働き盛りの年齢層が、15歳未満と65歳以上の年齢層を扶養する、というモデルを考えてみよう。力強い人口増加の結果として、働き盛り世代の人口が被扶養世代の人口の二倍以上ある状態を「人口ボーナス」という。つまり、分厚い働き盛り世代による稼ぎが、被扶養世代を含む生活費の必要を満たしてなお余裕のある状態である。中国では、強力な人口抑制政策の影響もあって、「人口ボーナス」の終了と人件費上昇が話題になっている。その一方、インドネシアではこれが2030年以降まで持続するとの推計がある。

　インドネシアにおける人口増加の要因は、「多産多死」から「多産少死」へ、という人口動態の転換にある。子どもが命をおとすことなく育つようになり、大人の寿命は延びた、ということだ。それは、水道と電気が整備されて公衆衛生の状態が改善し、食糧の生産と流通が発展して栄養が良くなり、医療も整えられてきたからである。社会の安定が条件となり、インドネシア国民の努力によって生活基盤の整備が進められ、それを国際社会が政府開発援助（ODA）などによって支えてきた。日本からのODAが4割以上を占めるとともに、日本にとっても中国を超えて最大の援助対象国である。また、近年は国内外の官民連携（PPP）

が力となっている。

　農村においては、灌漑の整備、機械器具の利用や、品種改良された種苗と化学肥料の導入によって農業生産性が向上している。これは農業が全国的な貨幣経済と市場に組み込まれることを意味する。同時に、土地から解放された余剰労働力はますます増加して都市への人口移動が絶えず生起している。産業構造の転換による都市化と、都市への人口移動とが、互いに促進しあう関係ができている。

　増大する若い人口が、積極的な工業化・サービス化の推進によって雇用に結びつけられるとすれば、そこに生まれるのは大衆消費社会の購買力である。インドネシアでは、いまだに、何人もの子どもを二輪車に乗せて移動する家族の姿を見かける。勤労者の所得が増加すれば、乗用車の市場は確実に拡大する。家族を大切にする価値観を共有する東アジア・東南アジアでは、増大した所得は家族生活の発展のために支出される。こうした家族的価値と消費行動の傾向が、インドネシアの産業発展と、消費市場の成長とを結合させる。

2.5　人口転換と国際移住労働者の送り出し

　すでに見たように、1980年代以降、特に、インドネシア、フィリピン、ベトナムなど東南アジア諸国では、工業化と都市化が進展するとともに、著しい人口増大が発生している。対照的に、工業化・脱工業化で先行した日本やかつてのアジアNIEs諸国・地域では、少子高齢化が進んでいる。そのなかで、インドネシアは、土木・建設業や製造現場での単純作業と、ケア・サービスのための労働力を、国境を越えて供給している。工業化を遂げた国・地域と、新興国との、双方における人口転換と、脱工業社会における労働市場の女性化は、ケアに関する労働市場の需給を大きく変化させて、国境を越えたケア・サービスの移動をもたらしている（中村 2017）。

　東アジア・東南アジアにおける高齢者ケアについての国際的研究（西下 2017）は、台湾における高齢者介護システムについて明らかにするなかで、「外籍看護工」の制度と実態について論じている。1970年代以降、急速な工業化・脱工業化を遂げた台湾では、台湾人女性の賃金労働者化が進み、家族内における女性の無償労働によるケア・サービス供給が人口高齢化による需要増を大きく下回るようになった。この需給ギャップを補正するために、社会福祉分野にも外国籍の労働者が導入されるようになり、1992年の法改正によって初めて669人の外国籍の労働者が導入されて以来、2014年には220,011人と、329倍にまで増加するに至っている。その女性比率は99.2パーセントである。なかでも、住み込み型の外国籍ケア労働者が217,858人と圧倒的な多数を占め、特にそのうち174,584人がインド

ネシア人である。

　その特徴として問題視されるのは、この家庭内労働が、台湾の制度の枠内では労働法の適用を受けないことである。そのために、労働時間をはじめとした最低労働基準に関する規制を受けないなど、労働保護の埒外に置かれている。また、この制度の背景にある価値意識的な特徴として、台湾で多数派を占める社会規範によれば高齢者を福祉施設に収容することが「親不孝」と見なされ、家庭内におけるケアが選好される傾向が強いことが指摘されている。大多数の外国籍家庭内ケア労働者が最低賃金以下で雇用されている現実は、台湾における特殊性の一つである。インドネシア政府はこの事実を問題視し、インドネシアから台湾へのケア労働力供給に規制を加える意思を示している。

3　多様な地域社会の複合として国家を見る

3.1　六つの「経済回廊」と三つの戦略的領域

「多様性のなかの統一 Bhinneka Tunggal Ika」とは、インドネシアの国是である。一国のなかに、多数の言語、宗教、衣食住のライフスタイルが共存している。自然環境の多様性に対応して、人口の分布や、さまざまな資源が分布する状況も、地域ごとの多様性を見せている。一国のなかに、石油や天然ガスを産出する地域があり、食糧資源や人的資源を供給する農村地域があり、また工業化・サービス化の先進地域がある。こうした地域社会の多様性は、いわば、資源国と農業国と工業国が一国内に同居しているようなものである。そこで、地域間分業の有機的な組織化が、国家にとって発展戦略の課題となる。この地域間の結合と組織化は、ハードウエアとしての社会基盤の整備だけではなく、地方行政などのソフトな社会制度の改革をもその内容としている。

　インドネシア共和国政府は、産業発展をはかるための中長期的な国家計画を、「2011年から2025年、インドネシア経済発展の加速および拡大のためのマスタープラン」として取りまとめ、2011年に発表している（Republic of Indonesia 2011）。その計画では、日本の5倍にあたる面積をもつインドネシアの国土が、地域社会の経済特性にしたがって六つの「経済回廊」に区分される。

　近年のインドネシアでは、人口が都市に集中していく傾向が特に著しい。全世界的に都市人口の比率は高まっている。しかし、東南アジアの都市人口増加率は世界平均よりも高い。さらにインドネシアは突出しており、1990年代初頭には東南アジア全体の都市人口比率を凌駕して、2014年には53パーセントにまで至っている（United Nations 2014）。

インドネシアは1万をはるかに超える数の島からなる島嶼国家である。しかし、ジャワ島には、かつてアメリカの人類学者クリフォード・ギアツが歴史研究のなかで指摘しているように、工業化が本格化する以前から人口集中が見られた（Geertz 1963）。2010年現在、国土面積の6.6パーセントを占めるに過ぎないジャワに人口の57.5パーセントが居住しており、その数は日本一国の人口を超えている。それに次ぐスマトラには全人口の21.3パーセント、スラウェシには7.3パーセント、カリマンタンには5.8パーセントが居住している。

3.2 「経済回廊」と戦略産業

六つの経済回廊の第一である「ジャワ経済回廊」は、全国の工業化とサービス化を牽引する中心であり、都市における社会基盤と交通網の整備が進められている。第二の類型である「スマトラ経済回廊」と「カリマンタン経済回廊」は、天然資源、特にエネルギー資源と鉱物資源の生産・加工の中心とされて、資本が豊富に投入され地域社会の発展が図られる。また、また全国的なエネルギー備蓄の場ともされる。第三の類型である「スラウェシ経済回廊」「バリ・ヌサトゥンガラ経済回廊」「パプア・マルク諸島経済回廊」では、エネルギー資源と鉱物資源の開発が図られるだけでなく、これに加えて農業、プランテーション、水産業など第一次産業の振興が企図され、大規模な農園経営が振興されるとともに、食糧など農水産資源の国内供給と輸出を支える働きが期待されている。

この三つに類型化できる「経済回廊」は、目下インドネシアで発展が図られている産業分野に対応している。第一は、東アジア・東南アジアの地域内国際分業ネットワークに参入することで発展が図られる自動車、電気機械・電子機器などの大量生産製造業である。第二は、伝統的な輸出産業であると同時に、近年は工業化と都市化によって国内需要が急速に増大している天然資源開発の分野である。第三は、パームオイルに代表されるような大規模化の可能な現代的農業と食糧生産である。

以上のように、豊富な天然資源は、ますます豊富に供給される人的資源とならんで、インドネシアの産業発展と消費市場の成長を実現するための強力な条件となっている。これについてさらに詳しく検討しよう。

4 天然資源の輸出から製造業の生産拠点へ

4.1 東南アジア最大規模の石油と天然ガス

インドネシアは、ASEAN諸国のなかでも特に天然資源に恵まれており、石油、

表：インドネシアの品目別輸出額、2016年

(単位: 100万 US ドル, %)

品　目	金　額	構成比
鉱物性燃料	27,875	19.3
石炭	12,899	8.9
天然ガス	7,037	4.9
原油	5,197	3.6
植物性油脂	18,232	12.6
パームオイル	14,365	9.9
電気機器・製品	8,147	5.6
真珠・貴石・貴金属	6,369	4.4
輸送機（鉄道を除く）	5,868	4.1
乗用車	2,566	1.8
ゴムおよび同製品	5,663	3.9
一般機器・ボイラー	5,451	3.8
印刷機・プリンター（同部品を含む）	1,358	0.9
履物	4,640	3.2
編み物を除く既製服	3,880	2.7
木材・木製品	3,865	2.7
その他	54,500	37.7
合計（その他含む、FOB）	144,490	100.0

（注）通関ベース
（出所）日本貿易振興機構「世界貿易投資報告」2017年。

天然ガス、石炭、金属鉱物資源を産出する。さらに、パームオイル、木材、農林水産品・食料資源の輸出国でもある。しかし、あとで見るように、インドネシアの将来像は資源輸出だけでは描けなくなっている。

　貿易統計によってインドネシアからの品目別輸出額を見ると、石炭、天然ガス、原油など鉱物性燃料がおよそ2割を占める。特に日本向けの天然ガスは大きい。このほか、「動植物性油脂」に分類されるパームオイルの輸出が大きい（日本貿易振興機構 2017）。

　インドネシアにおける石油と天然ガスの産出量はASEAN最大である。しかし、石油は2012年時点で探査されている埋蔵量が33億バーレル、埋蔵量の世界シェアでは0.2パーセントにまで減少した。中国の257億バーレル、1.5パーセントを

下回り、北海油田を有するイギリス同様の水準へと下がりつつある（BP 2017）。インドネシアでは、2004年に石油の輸入額が輸出額を上回り、同国は2008年には石油輸出国機構を脱退している。産業発展にともなって、石油の国内需要は1990年代以降ほぼ一貫して増加を続けている。これに対して、油田からの産出が減少するとともに、1990年代末以降、国際石油資本による開発投資が手控えられるようになったため、石油生産高は減少を続けている（佐藤 2008）。

　天然ガスは1970年代から産出が始まり、カリマンタンのボンタン、パプアのタングーなどに大規模なガス田がある。近年までスマトラのアルンにも大規模なガス田があった。2012年末において、埋蔵量は2兆9千億立方メートル（世界シェア1.5パーセント）で中国と同水準であり、生産高は750億立方メートル（世界シェア2.0パーセント）で、2007年に中国に追い越されたもののオーストラリアよりは大きく、東南アジアではなお最大である（BP 2017）。

　インドネシア国内での天然ガス消費は産業の発展とともに増加傾向にあり、国内への供給を優先する政策がとられている。現在、国内に対しては、液化しないパイプラインによる供給も行われている。

4.2　石炭と金属鉱山に対する海外からの技術導入

　インドネシアの石炭産出量は多く、世界有数の石炭輸出国である。インドネシア鉱物資源省（ESDM）統計などによれば、近年、産出量は増加を続けて、2011年には3億5,339万トンに達した。膨大な量の石炭を消費する中国が最大の輸出先である。また日本向けも多く、輸出量全体2億7,267万トンのうち2,600万トンを占めている。スマトラとカリマンタンが主な産地となっている（Center for Data and Information on Energy and Mineral Resources 2012）。石炭の品質を見ると、大半が低品位炭である。そのため、脱硫黄、脱灰、脱水という改質や、液化、ガス化など、加工の余地が大きく、技術提供やプラント輸出に日本企業が参入している（電力中央研究所 2012; 石油天然ガス・金属鉱物資源機構 2015）。インドネシア国内では、近年、火力発電所からの需要が増大しており、石炭産業には内需による成長の潜在性が高い。

　以上の石油、天然ガス、石炭など鉱物性燃料は、2016年において、日本のインドネシアからの輸入額の31.6パーセントを占めていて、最大部類である。それに次いで大きな部類が非鉄金属鉱などの金属鉱物資源であり、20.4パーセントを占めている（日本貿易振興機構 2017）。インドネシアは、銅、ニッケル、ボーキサイト、錫の輸出国であり、日本にとって重要な供給源となっている。スマトラ、スラウェシ、パプア・マルク諸島などに大規模な鉱山があって、政府と国内外の

民間資本が投下されており、資源メジャーやアメリカの大手企業など国際的な大資本とともに、日本の総合商社も資本参加している。

　2009年に公布・施行されたインドネシア新鉱業法（鉱物石炭鉱業法）、およびその関連政省令では、国内資本化の義務を強めるとともに、インドネシア国内での高付加価値化を推進しようとしている。たとえば、2012年に施行されたエネルギー鉱物資源省令は、高付加価値化を推進するために、鉱石輸出の規制を強化した。鉱石輸出を許可制とし、20パーセントの関税を課することになった。また鉱山生産開始後の外資規制を80パーセントから49パーセントに変更している。価格が国際市況に左右されやすい鉱石の輸出を規制しながら、国内での精錬所建設を促進しようとしている（石油天然ガス・金属鉱物資源機構 2012）。

　一方、インドネシアの鉱山は他国に比較して安価な人件費を強みとして発展してきた。ところが、近年、労使紛争の発生が見られる。たとえば、2011年には、パプア州にある世界最大級のグラスベルグ銅・金鉱山で長期間のストライキが発生して、生産量が大きく低下した。経済成長にともない賃金に対する要求が高まっており、実力行使をともなう紛争を回避できるような労使関係制度の形成が社会的課題であるとする主張が顕著になってきている。これは他の産業分野にも共通する現象で、インドネシアの労働政策立案者や労働研究者の間では、日本の労使関係制度に対する関心が高まっている。

4.3　世界最大のパームオイル生産と油脂化学工業の潜在力

　インドネシアはまたパームオイルの世界最大級の生産国である。インドネシアとマレーシアの生産量をあわせると世界市場のほぼ9割を占めるほどの規模である。近年は先発のマレーシアを抜いて世界首位となった。しかし、インドネシアにおいては、パームオイルを原料とする油脂化学品、さらに油脂化学製品の製造は、マレーシアと比較して未発達である。2011年に実施された経済産業省委託調査によれば、マレーシアには100種類以上の油脂化学品および油脂化学製品を製造する技術があるのに対して、インドネシアでは洗剤原料や化粧品基材となる9タイプの油脂化学品が製造されているにすぎない（三菱化学テクノリサーチ 2012）。インドネシアでは、パームオイルについても高付加価値化が大きな課題となっており、日本企業による直接投資や提携が検討されている。

5　社会基盤整備と工業の高付加価値化

5.1　原料資源から工業製品へ

　2012年、インドネシアの貿易収支の黒字は前年の353億4800万ドルから86億1900万ドルへと大きく減少した。これは、石油の輸入増による赤字と、それ以外の品目の黒字減に由来しており、中国経済の減速によるグローバルな資源価格下落が大きな要因と見られている。ブラジル、ロシア、南アフリカ、オーストラリアなど資源輸出への依存度の高い諸国が、ここのところ一様に経済成長の停滞を経験している。アジア開発銀行は、資源輸出だけではアジア諸国・諸地域の持続的な経済成長が望めないことを指摘し、社会基盤整備と投資促進、およびイノベーションと人的資源開発による生産性向上の重要性を主張している（ADB 2011）。

　インドネシアにおける「資源輸出から高付加価値化へ」という動きはこの考え方と整合的である。そして合理的な根拠がある。まず、インドネシアは確かに東南アジア随一の規模の天然資源を有してはいる。しかし世界的に見れば特別に天然資源の優位性をもつわけではない。たとえば、2016年末における全世界の採掘可能な石油は47.7パーセントが中東に存在しており、19.2パーセントが中南米、13.3パーセントが北米にあり、アジア大洋州にはインドネシアだけでなく中国やオーストラリアを合わせても2.8パーセント分しか確認されていない（BP 2017）。

　インドネシアの持続的成長を支えるものは、むしろ、人的資源である。先に見たように、力強い生産年齢人口の増加が労働力の量的な豊かさをもたらしている。日本貿易振興機構の調査によれば、2011年における進出日系企業の作業員基本給月額は205ドルで、タイの286ドルを下回っているだけでなく、フィリピンの248ドルよりも有利である。さらに、現地の日系企業は、インドネシア人の製造業作業員を高く評価しているという。「手先の器用さ」「目のよさ」「忍耐強さ」が認められ、タイ、ベトナムと比較して作業効率はむしろ高いとの見方も示されている（佐藤 2011）。学校教育の普及は着実に進行しており、国家政策は特に大学以上の教育で科学技術の高度化を重視している。

　さらに、インドネシアの産業政策は、重化学工業の国産化を目指したスハルト時代から大きな転換を遂げて、東アジア・東南アジアに展開する地域内国際分業の価値連鎖に積極的に参入しようとする方向をとっている。具体的には、自動車産業のトヨタやホンダのように、大胆に外資を導入してグローバルな分業体制のなかで生産拠点・輸出拠点となろうとしている。自動車産業や電気機械・電子機

器産業のような裾野の広い加工組立機械工業の生産拠点となれば、化学品や金属などの素材産業にとっては大きな市場となる。インドネシアの地場資本は、むしろ、食糧生産や、石炭・パームオイルなど資源産業に依拠する傾向にあり、日本企業を始めとする外資と競合する可能性は低い。

5.2　社会基盤整備と科学技術による支援

　インドネシアの発展計画は、天然資源の輸出に依存することから脱却して、製造業やサービス業の発展をはかる方向にある。持続的・安定的な成長は、産業構造の高度化によってもたらされる。そこで、社会基盤の整備と、海外からの投資の誘致が目指される。実際、インドネシアでは対内直接投資の累増が続いており、ジャワでは工業団地の拡大など産業の集積も進みつつある。この流れのなかで、ガス、電気などエネルギーの安定供給が強く求められている。

　電力供給の強化が政策課題となるなかで、国営電力会社（PLN）の自己資金調達力だけでは間に合わず、独立電力事業（IPP）の促進がはかられている。そのなかで、日本の総合商社各社が現地で事業を進めている。事例として、三井物産は東ジャワ州パイトン地区の石炭火力発電所を保有する現地企業に、40.5パーセントの出資を行っている。2012年に商業運転を開始したパイトン第3発電所では、国営電力会社に対して30年間にわたって電気を供給する長期の売電契約を結んでいる（『化学工業日報』2012年7月12日・13日）。

　また、インドネシアには世界最大級の地熱が潜在しており、政府は2025年までに地熱発電量を現状の10倍に拡大する方針である。この地熱発電所の建設に地熱発電タービンで世界70パーセントのシェアをもつ日本の技術が活用されている。2012年には、JFEエンジニアリングの現地法人が、ジャワ島バンドン近郊のパトハ地熱発電所で、蒸気供給設備の設計・施工業務を受注した（会社発表2012年4月24日）。

　また、インドネシアで豊富に産出する低品位の石炭を活用して電力需要を満たすことに、日本の科学技術が利用されている。プラントエンジニアリング会社で売上高が日本首位である日揮は、2012年5月、西ジャワ州カラワン県において、低品位炭を原料とした液体燃料を製造する実証プラントの建設および試運転を完了して、デモンストレーション運転を開始した（会社発表2012年5月24日）。

　第二位の千代田化工建設のグループ会社、千代田インターナショナルインドネシア社は、現地企業とともに5社コンソーシアムを形成し、パプア沖アラフラ海のマセラ鉱区で浮体式洋上天然ガス液化設備の基本設計業務を受注した。今後も、LNGに関連する分野でEPC（設計・調達・建設）業務を展開しようとしている。

第三位の東洋エンジニアリングは、インドネシアの建設会社との間に提携関係を構築し、現地化を進めながらプラント建設事業への参入を継続している。1982年に現地ルカヤサ社と協力して肥料製造に関する事業に参画して以来、関係を強め、最近では石油精製分野で提携を拡大した（会社発表2012年12月17日）。

2012年には、ジャカルタで民間資金導入によるゴミ焼却設備のBOT（建設・運営・移転）案件の事業化前審査が行われるなど、民間資金導入による社会基盤整備は今後も大きく進んでいく勢いである。

こうした有償の協力は、契約によって建設と運営と移転についての枠組みが定められるのが普通である。高度な技術を保有する企業が建設を行い、その技術供与のもとに運営が行われ、一定期間ののちに所有権が現地主体に移転する。こうしたプロセスによって、運営についての知識と技術の現地化が可能となる。贈与である無償の協力は、災害時などの緊急対応として必要である。一方、資源配分の合理性を確保した有償の協力は、継続的な発展に対する協力として、双方にとって有益である。

5.3　天然ガス産地スマトラ・アルンの再開発

インドネシアの最も西に位置するスマトラ島、その北端にあるアチェ州アルンのガス田は、1971年に発見され、インドネシアの主要なガス田の一つとして海外に天然ガスを供給してきた。日本はその主要な輸出先であり、総合商社・三菱商事の資源部門が事業に積極的に参画してきた。1986年には、アルンに巨大なLNGプラントを建設する一連の事業が完成している。そこでは、日本の大規模なプラントエンジニアリング企業が活動した。このアルンのガスによる発電所は、現地社会の産業発展と生活水準向上にとって重要な役割を果たしている。また、周辺には、大規模な化学肥料工場をはじめとして、天然ガスに関連した産業が集積している。ここに立地しているアセアン・アチェ肥料とイスカンダル・ムダは、インドネシア有数の化学肥料メーカーである。

ところが、アルンの天然ガス液化施設は、2014年には、ガス田の枯渇によって操業を終了した。このことは、現地の経済に対して、さらには地方政治に対しても大きな影響を与える。特に、スマトラ島北部は、スマトラ沖地震を契機に弱体化したとはいえ、イスラーム原理主義を思想的支柱とする反政府勢力の拠点となってきた。そのため、液化施設操業停止後の再開発は、国家的な課題の一つであった（"Post-LNG Arun: What are the options?" The Jakarta Post, September 20, 2010）。

天然資源輸出のための大規模施設と、その周辺に集積した工業生産設備および

発電設備を再開発する一連の事業が計画され遂行された。その中心となったのは、このアルンに、液化された天然ガスを受け入れて再び気化する施設を建設することだった。インドネシアのもっとも東に位置し、ニューギニアと陸上で国境を接するパプア州にあるタングーのガス田は、1990年代なかばに発見され、2009年に生産を開始している。ここで液化した天然ガスをアルンに海上輸送して再び気化し、スマトラ島の工業集積にパイプラインで供給するという計画である。また、この天然ガスを燃料とする発電所から、地域の工業集積に電力が供給される。さらにLPGやパームオイルなどの大規模貯蔵施設の建設も検討されている。エネルギー資源や鉱物資源の豊富な東部地域にあるパプアの天然ガスが、海外に輸出されるだけでなく、今後は、工業化の進んでいるジャワやスマトラなど西部地域での需要に対応すべく、基盤整備が進められている（"Arun facility starts anew after LNG delivery." The Jakarta Post, February 21, 2015）。

5.4　大衆消費市場の形成と現地自動車産業の拡大

　工業化と都市化の進むインドネシアにおいて、中間層が拡大し消費市場が活性化するという予測が、アメリカの大手コンサルティング企業によって2013年に発表されている（Boston Consulting Group 2013）。それによれば、現在、インドネシアでは「中間層・豊かな消費者」という社会経済的な区分に入る人々が7,400万人にのぼっており、今後拡大を続けて2020年には1億4,100万人へと倍増するという。このインドネシアの「豊かな消費者」は、家族生活への志向が強く、増大した所得は、まず家族の生活向上のために支出する傾向にあるという。そのため、家庭用品、乗り物、耐久消費財、金融サービスといった市場セグメントの成長が期待できると主張されている。

　インドネシアでは自動車市場が拡大を続けている。インドネシア自動車工業会によれば、国内の自動車販売台数は年々増加し、2012年には100万台を突破して111万6,230台に達した。その9割以上を日本メーカーの製品が占めている。

　マレーシアには、プロトンとプロドゥーアという国産車があって、東南アジアにおける重工業のあり方としてしばしば話題となる。インドネシアにも、スハルト政権下、自立的な国民経済の形成を志向するなかで、ティモールという国産車が構想・生産されたことがある。1996年、大統領令が出され、韓国の起亜自動車との合弁でティモール・プトラ社が操業を開始した。日本のマツダによる大衆車の設計を用いた。税制面などで政策的な保護を受けて育成されようとしていたところ、1997年のアジア通貨危機の影響のもとで2000年には破綻し、ティモールの製造は2002年に打ち切られた。現在では、国産車構想は存在せず、むしろ

トヨタ、ホンダなど日本の自動車メーカーの生産拠点を受け入れ、東アジア・東南アジアの地域内分業のなかに積極的に組み入れられることを志向している。

　自動車産業に関しては、欧米メーカーとの激しい競争にさらされている中国市場と異なって、東南アジア市場では日本メーカーが優位に展開してきた。タイには完成車メーカー各社が生産拠点を置き、部品・素材メーカーの集積も進んでいる。トヨタ自動車は、インドネシアをタイとならぶ生産拠点にすべく、事業基盤を拡大している。トヨタは西ジャワ州カラワン工場でミニバンとSUVを生産している。トヨタ自動車のインドネシア法人設立から40周年となった2011年9月にはカラワン第2工場の建設を発表した。「2013年はじめに年7万台の能力で稼働し、新たなモデルを生産する。翌2014年の初めには年12万台に引き上げ、同年にはカラワン第1・第2工場合わせて年23万台の能力とし、輸出の拡大も図っていく」と発表している。特にインドネシアからの輸出に向けた基盤の強化をはかっており、現地調達比率を75パーセントから85パーセントに引き上げることを目標として、中小企業を含む日系企業の進出支援に取り組んでいる（トヨタ自動車 2012）。インドネシア製セダンとしては初の輸出モデルとなる「ヴィオス」の中近東むけ輸出を開始し、2014年5月、カラワン第2工場で輸出式典を実施した。輸出先は、バーレーン、クウェート、オマーン、カタール、サウジアラビア、アラブ首長国連邦、ヨルダン、レバノン、イエメンで、輸出規模は、当面は月間1,000台、将来的には月間3,000台を目指すという。

　インドネシアの二輪車市場はさらに大きい。二輪車は1台あたりの価格が安く、従来の一般的なインドネシア人消費者にも購入が容易である。また、社会基盤が未整備の状況下、都市部では渋滞が激しく、四輪車では動きがとれないことがしばしばある。そのような場合でも、二輪車ならば移動できる。また地方では、道路が未舗装であったり、また道幅が狭かったりすることが多く、二輪車のほうが便利である。

　インドネシアの二輪車市場は、2010年までは自動車のほぼ10倍の規模だった。近年、所得の増大にともなって自動車の販売台数の増加率が上回るようになったが、それでも2012年の年間販売台数は700万台を超えている。ホンダ、ヤマハ、スズキで販売台数の9割以上を占め、ホンダとヤマハがそれぞれ40パーセントを超えている。

　ホンダの現地法人は、ジャカルタ首都圏のブキッ・インダ工業団地に、二輪車では4か所目になる年間生産能力110万台規模の工場を建設し、2013年秋からの稼働を予定している。これによってインドネシアにおけるホンダ二輪車の生産能力は年間530万台となる（本田技研工業『株主通信』第154号, 2012年8月）。

6　東アジア・東南アジアにおける国境を越えた産業構造と社会的な対抗関係

　実践的な社会構想は、データにもとづく正確な事実認識を踏まえた上で行われるべきである。現代日本の社会学については、産業構造の変動、貿易構造、投資の動態などについての認識が十分ではないことが反省されざるをえない。その観点からすれば、理知への信頼を取り戻して客観性と論理性をもった社会構想を立論することこそが課題である。

　群集心理的ルサンチマンを掻き立てる社会運動と、それに随伴する知識層の言説が力をもたないことは今日の状況が示している。各級立法府での議席獲得や、既存の政治的・経済的な組織のなかでの権力闘争に関心を拘束された運動的言説は、「ユートピアからイデオロギーへ」、すなわち投企すべき理想像の提示から、創造的な行動を妨げる虚偽意識へと転じている。働き暮らし、育ち育てる諸個人が、リスクにさらされることなく安全を保障されることが実践的目標である。それは、働くことによって社会的人格としての自己が向上できるような仕事と、心身の健康とが実現されることを意味する。

　グローバル化の進展と同時に、東アジア・東南アジアにおいては産業構造のリージョナル化が起きている。それが自由な企業のイノベーション活動の場となっている。同時にそこでは、国境を越える「人の移動」がかつてないほどに活発化している。安全な移動の自由を保障することは、向上を求める労働者の自己投企を可能にする。

　超国家的な企業活動がますます活発化していくなかで、国家政策の有効性は減衰せざるをえない。国民国家的な権力の弱化は不可避である。こうした状況のもとで、地縁・血縁による共同体的束縛から離脱した人々が、以前とは別の様式で再び結合していくという事実が、関心の対象となってくる。

　平和裏に主張を交換し、強制されない合意にもとづいて取引を行うのが市場という空間である。市場は非暴力と相互尊重を存立の基礎としており、この平和と公正が市民社会を可能とする。東アジア・東南アジアにおける現実には、その客観的条件がある。同時に、非政府的組織による自発的な活動として、相互的な自助が多様な形態をとって行われている。今後は、このなかでの、労働者と企業の対抗が、事実にもとづいた探求の対象となっていくであろう。

【文献】

ADB, 2011, *Asia 2050: Realizing the Asian Century*.

Amin, S., 1979, *Classe et nation dans l'histoire et la crise contemporaine*, Paris: Minuit.（=1983, 山崎カヲル訳『階級と民族』新評論.）

The Boston Consulting Group, 2013, "Indonesia's Rising Middle-Class and Affluent Consumers: Asia's Next Big Opportunity" *BCG Perspectives*, March 5.

BP, 2017, *BP Statistical Review of World Energy*, June 2017.

Center for Data and Information on Energy and Mineral Resources, Ministry of Energy and Mineral Resources, 2012, *Handbook of Energy & Economic Statistics of Indonesia*.

電力中央研究所, 2012,「低品位炭改質技術の国内外の開発動向調査」.

古城利明, 2011,『「帝国」と自治 —— リージョンの政治とローカルの政治』中央大学出版部.

Geertz, C., 1963, *Agricultural Involution: The process of ecological change in Indonesia*, Berkeley: University of California Press.（=2001, 池本幸生訳『インボリューション —— 内に向かう発展』NTT出版.）

Giddens, A., 1999, *Runaway World: How globalization is reshaping our lives*, London: Profile Books.（=2001, 佐和隆光訳『暴走する世界』ダイヤモンド社.）

平塚大祐編, 2006,『東アジアの挑戦 —— 経済統合・構造改革・制度構築』アジア経済研究所.

石田正美編, 2005,『インドネシア 再生への挑戦』アジア経済研究所.

Kerr, C., Dunlop, J. T., Harbison, F. & Myers, C. A., 1960, *Industrialism and Industrial Man: The problems of labor and management in economic growth*, New York: Oxford University Press.（=1963, 中山伊知郎監修・川田寿訳『インダストリアリズム —— 工業化における経営者と労働』東洋経済新報社.）

三菱化学テクノリサーチ, 2012,『インドネシアにおける石油化学産業及び油脂化学産業に関するミッション派遣事業・報告書』（平成23年度経済連携促進のための産業高度化推進事業・経済産業省委託調査）.

中村眞人, 2009,『仕事の再構築と労使関係 —— 世紀転換点の日本と精密機械企業』御茶の水書房.

————, 2016,「東アジア・東南アジアにおける国際分業の拡大と『人の移動』」東京女子大学紀要『論集』第67巻第1号.

————, 2017,「東アジア・東南アジアにおける『人の移動』とケア・サービスの有償労働化 —— 女性の社会的地位への関心と労働社会学の視点から」東京女子大学『女性学研究所年報』.

日本貿易振興機構, 2017,『2017年版ジェトロ世界貿易投資報告』.

西下彰俊, 2017,「台湾における高齢者介護システムと外国人介護労働者の特殊性 —— 在宅介護サービスを中心に」『現代法学』（東京経済大学）第32号.

Republic of Indonesia, Coordinating Ministry for Economic Affairs, 2011, Masterplan for Acceleration and Expansion of Indonesia Economic Development 2011-2025.

佐藤百合, 2008,「インドネシアの石油産業 —— 産油国から消費国へ、国家独占から市場競争へ」坂口安紀編『発展途上国における石油産業の政治経済学的分析 —— 資料集』アジア経済研究所.

————, 2011,『経済大国インドネシア』中央公論新社.

石油天然ガス・金属鉱物資源機構, 2012,『世界の鉱業の趨勢』.

————, 2015,「世界における低品位炭の開発・利用状況と我が国への輸入可能性調査」.

富永健一, 1996,『近代化の理論』講談社.

トヨタ自動車, 2012, 『トヨタ自動車75年史』.

馬田啓一・木村福成編著, 2008, 『検証・東アジアの地域主義と日本』文真堂.

United Nations, Department of Economic and Social Affairs, Population Division, 2014, *World Urbanization Prospects: The 2014 Revision.*

Wallerstein, I., 1976, *The Modern World-System: Capitalist agriculture and the origins of the European world-economy in the sixteenth century.* New York: Academic Press. (=2006, 川北稔訳『近代世界システム〈1〉── 農業資本主義と「ヨーロッパ世界経済」の成立』岩波書店.)

企業コミュニティと労使関係
—— 日立と資生堂労組の事例を中心に [1]

呉　学殊

1　はじめに

　日本の産業社会の重要な個性を解明するための糸口として示された企業コミュニティ。企業コミュニティの分析領域は、コーポレート・ガバナンス、経営イデオロギー、人的資源形成、従業員の価値志向など、多岐にわたる [2]。

　ここでは、労使関係に焦点を絞って、企業コミュニティの姿について考察するが、その際、労使関係の担い手である労働組合が最も重視する雇用保障、生活保障に限定し、企業コミュニティの内容について考察することにする。従来、雇用保障と生活保障の対象となる最も典型的な成員は、当該企業の男性正社員とされていた。女性は準成員、非正規労働者は非成員とみなされる。男性正社員を典型的な成員とする企業コミュニティでは、成員間の格差を抑制し、成員間の協調や企業への求心力を高める傾向が強い。

　日本の労働組合はその大半が企業別労働組合という組織形態である。労働三権を行使しているのは企業別労働組合である。企業別労働組合は、特定の企業を単位にそこに働いている労働者を、企業とのユニオン・ショップ協定 [3] に基づいて、組織しているのが一般的である。同協定で、組合員の範囲は、正社員が一般的である [4]。労働組合が組織されている特定の企業において正社員と組合員は基本的に同じであり、企業コミュニティの成員となっている。もちろん、女性も正社員、組合員となっているが、社会進出が限定的であった昔は、結婚、出産、育児を機に、企業および労働組合を離れることが一般的であった。それが、準成員とみなされたゆえんである。

　以上のように、企業コミュニティを限定的に考察する本論では、企業コミュニティを次のように定義する。すなわち、企業コミュニティとは、「成員が企業を単位に共通の利害を持って持続的にその利害を維持・向上していく有機的な集団」のことである。その古典型（「企業コミュニティの古典型」）における共通の

利害の核心内容は、企業の維持・発展と成員の雇用保障・生活保障であり、典型的な成員は男性正社員であり、成員間の格差は抑制しようという傾向がある。

本論では、1991年バブル崩壊以降、企業コミュニティがどのように変容し [5]、また、どのような新しい動きがあるのかについて2つの事例を通して考察する。そのうち、1つは、昔、日本の企業コミュニティの古典型を最も代表しているとみなされていた日立製作所であり [6]、もうひとつは、企業コミュニティのあるべき姿を模索している資生堂労組である。2つの事例を通じて、企業コミュニティの変容とその新たな地平の可能性を探ってみたい。

2　企業コミュニティの企業グループ化 —— 日立製作所の事例 [7]

日立製作所（以下、「日立」という）は、日本の製造業を代表する企業である。2015年度の売上高は1兆9065億円にのぼる。2017年3月現在、従業員数は3万5631人であるが、連結会計基準（国際財務報告基準）では30万3887人である。連結子会社は1056社にのぼっている。同社の企業コミュニティのありようと変遷について考察することにする。

2.1　企業コミュニティに対する認識の変化と実態

高度経済成長期以降、日本においては、一企業にて長期勤続することが一般的であった。それをバックアップするものとして終身雇用、年功序列賃金、企業内労働組合といういわゆる三種の神器があった。しかし、その面影は、ほかの国と比べれば、残っている部分があるが、時代の変遷とともに、会社のスタンスも変わってきているし、従業員の考え方とか価値観も変わってきている。同社も例外ではない。

採用も「終身雇用を前提にしているわけではない」し、「従業員が会社の中で自分のエンプロイアビリティというものを高めてもらうような意識をもってもらいたい」と、会社は考えている。

「以前は終身雇用が前提で、その前提に基づいて諸制度を構成してきたが、グローバル競争の激化、従業員価値観の多様化、等の環境変化の中で、従業員教育のときに会社としては『自立・自律した個になってください』という言い方をしてきている」という。それは、「会社と個人は対等の立場である。個人はエンプロイアビリティを高めて、労働力を提供するし、会社は労働者に対して活躍できる場を与えます。そういう共存の、対等の立場ですから、企業に依存するのではなくて、『きちんと自立・自律した個になってください』という教育を2000年以

降特にやってきた」。そのこともあって、企業と従業員との関係性が異なってきているとみられる。

　100%雇用を保障するのは、「企業としてできない場合もある。長く勤めてもらうための仕組みと、一方で必要な時に外に出られるような仕組み」を整えることが必要であるし、マインドも上記のような教育を通じてそうなるようにしている。

　企業コミュニティの軸をなす終身雇用（雇用保障）に関する労使の考え方の変化に伴い、雇用の実態も変わったとみられる。

　個別企業内での雇用保障が特に難しくなったのは、バブル経済崩壊以降、1998年度、2001年度、2006年度から2009年度までに当期純利益がマイナス[8]となったことが大きいとみられる。同社では、2002年早期退職を募集し、予定の募集人員の約2.3倍に至る約9000人が応じたことがある。従業員もそのような状況を踏まえて、個別企業内の雇用保障を求め続けることが現実的ではないという認識が強まったとみられる。そういう認識とともに、分社化等の企業組織再編によって、グループ子会社への転籍が増えてそこで定年を迎える。「終身雇用圏」が企業グループ子会社へ広がったといえよう[9]。雇用保障という面でみると、企業コミュニティの企業グループ化をしているといってよいだろう。

　企業コミュニティそのものにもいくつかの変化が生じている。それについてみることにする。

2.2　企業コミュニティ内部の変遷
2.2.1　企業コミュニティの成員構成の変化
①対象者の減少

　同社の従業員数は、1996年度7万5590人からほぼ毎年減り続け、2011年度3万2928人となった。その後、増減し2017年3月現在3万5631人となった[10]。20年間で半減となり、企業コミュニティの対象者が減った。一方、連結会計の基準（国際財務報告基準）では、2017年3月現在、30万3887人となり、単体の10倍近くになっている[11]。

　対象者の減少は、2000年頃から進められた中期経営計画による企業組織再編の結果の影響が大きい。同経営計画では、コア事業の強化と経営資源の集中（選択と集中）、新事業の推進、企業グループの再編・見直し・協調の積極推進、経営改革の一層の深化が謳われていた。企業組織再編は、同社の事業を分社化するか、事業を切り離しグループ子会社と統合する形による分社化、事業を他社に売却する等、様々な形で進められた。特に、2001年会社分割制度・労働契約承継法が制定されてからは、会社分割による企業組織再編も行われたので、対象の労

働者が多く、従業員数の大きな減少につながった。

　事業を切り出すことによって、オーバーヘッドの部分がなくなったり、また、当該事業の運営に小回りがきくようになったりして、業績がよくなるケースも実際いくつかある。自動車部門、計測器部門等である。一番効率的な事業形態をめざして、そういうところをまた本体に取り込むこともある。同社とグループ子会社との間に出向・転籍は常に行われているが、子会社の本体への取り込みにより、同社に転籍するケースも、少数ではあるが、みられる。

　②女性および外国人の成員化

　同社では、経営トップによる強いコミットメントのもと、2012年から経営戦略の一環としてダイバーシティマネジメントを推進し、多様な人財の力を経営に生かす企業をめざしている。こうしたダイバーシティがイノベーションの源泉であり、同社成長のエンジンと考えている。こういう経営戦略により、女性や外国人が企業コミュニティの成員となり、従来日本人男性正社員のみが企業コミュニティの成員となっていた姿から脱しつつある。

　同社では、過去約20年間、出産休暇、育児休業、保育園制度などにおいて制度改善が進み [12]、女性でも就労を継続しやすくなり、働く女性の意識も変わって結婚・出産・育児等のライフイベントの時も会社を辞めなくなった。育児短時間制度を利用する女性従業員は、2009年度472人であったが、毎年増加し2013年度683人に達し [13]、4年間で44.7%も増加した。その結果、従業員の中で女性の割合が高まってきている。2011年度15.9%から2015年度16.5%に上がった。女性の平均勤続年数は、2011年度14.2年から2015年度15.6年に上がり、同年男性の平均勤続年数19.0年に比べてもそれほど短くない。また、管理職の中で女性の占める割合も2011年度3.4%から2015年度4.0%に上がった [14]。女性管理職の割合を、2012年度の3.5%から2020年度にはその約2.5倍の8%程度までに上げることをめざしている。最近、同社では、女性の採用割合を高めている。2015年新卒採用の場合、女性の比率が22.0%であったが、事務系に限ると42.3%にのぼった。

　また、外国人の採用割合も高まって2014年度10.9%、15年度8.9%である。割合の増加に伴い、外国人労働者数も2010年230人から毎年増加し2015年509人に達し、全従業員に占める割合が同期0.7%から1.4%に倍増した。

　経営戦略の一環として進められているダイバーシティマネジメントにより、女性も外国人も企業コミュニティの成員に加わり、従来の企業コミュニティ古典型が変化している。

2.2.2　年功賃金の弱まり

　従来、長く勤めれば勤めるほど優遇される制度を改める制度の変更を行ってきている。同社は、1999年中期経営計画の中で、ITと知の融合によって情報システムサービス、社会インフラシステム、基幹ハードウェア・ソフトウェア・高機能材料を結集・統合して「トータルソリューションを提供できるグローバルサプライヤー」を目指す基本戦略をたてた。同経営計画の達成に向けて、「個」の確立、「個」の尊重、「個」の自立（律）を図るために、「個」「多様性」のマネジメント、年功払拭による実力・成果主義の徹底という人事処遇制度改革等[15]を進めてきているが、主なものは次のとおりである。

　同社は、2000年退職金制度を改訂し、ポイント制を導入した。それは、次のような従来の退職金制度の問題点を解消するためであった。すなわち、在職中の貢献・成果を公正に退職金に反映できないこと、一定の勤続年数以降に急増するために長期勤続者が著しく優遇され、雇用の流動化が進む中で、公正・公平な処遇を保ちにくいこと、退職金に見合ったインセンティブ効果が得られにくいこと、などの問題点の解消を目指したのである。この改訂によって、一定年齢になると退職金が急に上がるS字型カーブから直線型に変わり[16]、長期勤続の誘発が弱まった[17]。

　同社は、2000年、管理職層について、管理職層が共有すべき価値・行動基準の発揮度および個人業績を評価し、それを昇格・昇給に反映して処遇における年功的運用を減らしたが、主要連結子会社も同制度を導入する動きがあった。企業グループレベルの制度の共通化（後述）は、その時から始まったと見られる。

　2004年、組合員層の人事・賃金制度の改訂を行った。その主要内容は、職能等級の大括り化、多様な基本賃金項目の「本給」への一本化と本給のレンジ化、そして能力・行動・成果評価結果の昇級・昇給・賞与への反映の明確化等であるが、それにより「仕事を通じた価値創造」を図るとともに、年功的賃金運用からの脱却と評価による処遇差が拡大することになった[18]。特定の下位資格まではほぼ全員が上がるという運用をしていたが、制度改訂により、廃止となった。

　そういう意味で、年功賃金カーブの相対的な緩急と格差の拡大が進んでいる。しかし、短期的な視点に立っての行きすぎた成果主義にならないように、中長期的な視点に立っての能力・行動プロセスを加味して成果を賃金に反映している。

　同社では、賃金制度および賃金総額は、過去との連続性を大事にしているとともに、モデル賃金を作り、政府の生計費調査および賃金センサスとの比較で遜色がないかをチェックし、最低限生計費をクリア、上回っていることを確認している。最近の賃金配分においては、若手と優秀者に厚く配分している。

人事・賃金制度の変更により、以前に比べて年功賃金の程度が弱まり、能力・行動・成果評価の反映による賃金の格差が広がった。実際、どのくらい、格差が広がったのか。月例賃金の格差は高卒で約40歳を基準に平均100とすると最も上位の者120、下位の者は90であり、ボーナス込みの年収はもっと開くという。その格差は以前に比べて大きくなっている。

　以上のように、2000年代以降、勤続と共にほぼ一律的に上がる年功賃金の性格が弱まりつつあるとともに、賃金格差も大きくなって従来の企業コミュニティ古典型に変化が生じている。

2.2.3　企業コミュニティの内部多様化

　同社は、2001年、重電、情報・通信、半導体などの事業グループごとに業績や業界環境が大きく異なっていることを踏まえて、勤務制度、旅費、福利厚生などについては当該事業グループ（カンパニー）の労使が協議・決定できるようにし、資格制度、賃金制度、賞与などといった処遇の根幹にかかわるものについては、中央労使を交えて協議することができるようにした。その結果、各事業グループは、事業環境に応じて、労働条件を複線化することが可能となった。労使関係も事業グループレベルに形成されており [19]、会社のカンパニーに対応する組合組織としては業種本部がある。カンパニーごとに年2回の労使協議が開かれている。

　企業の中でも事業ごとに労働条件が多様化して企業コミュニティ内の同質性が弱まっているという変化もみられるのである。

2.3　企業コミュニティの拡大
2.3.1　企業グループへの拡大

　前記のとおり、雇用保障の範囲が個社からグループに広がったといえるが、それは主に2000年会計制度が単体から連結に変わってからであり、ちょうどその時にITバブルの崩壊により、会社が大赤字になり、それを機に分社化が多くなった時である。分社化等の企業組織再編に伴い、グループ子会社への転籍者が以前に比べて増えた。

　同社は、企業グループレベルにおいて人財の最適配置と活用を徹底して図っていくことのできる体制・制度の構築、高効率な体制と低コストのオペレーションの実現に向けて、企業グループ全体での制度における標準化・共通化を図り、2014年10月から実施している。同社は、標準化・共通化を、「企業グループに集う多様な人財が、組織の壁を越えて価値観を共有し、有機的に連携しながら、よ

り大きな成果の達成に向けて取り組むことを支援・促進する仕組みづくり」であると位置づけている。等級制度、賃金制度だけではなく、旅費、休暇などの勤務、住宅支援などの福利関連の諸制度も標準化・共通化を図った。いくつかの制度では、グループの各社が選択の可否を決めることになっているが、中核的な人事制度である等級・賃金制度は同じである。

　企業コミュニティの範囲を、個社に限定せずに、企業グループ全体に広げ続けているといって過言ではない。そういう意味で、企業コミュニティよりも企業グループコミュニティと言い表してもよいだろう。

　ちなみに、同社は、2004年3月から「グループ公募制度」を導入した。連結ベースでの人財活性化、有効活用を図るためである。同社およびグループ各社が同社のイントラネット上にテーマおよび条件を提示し、企業グループから労働者を公募する制度である [20]。同社が1991年、社内公募制、2002年、FA制度を導入したが、それをグループに拡大する1つの施策である。

　企業グループレベルで人財の流動性が高まり、それに伴って雇用保障の領域も個別企業から企業グループに広がっているといえる。

2.3.2　グローバルへの拡大

　同社では、売上の海外比率が高まって来て、2015年度48％に対して、2018年度55％超を目標としている。しかし、海外現地法人の雇用管理に日本のものを移植する考え方はまったく持っていない。海外それぞれの雇用のあり方、労働組合に対する経営の考え方等が違うからである。ただし、日立の創業精神を共有して行こうと努めている。実際、共感を持っている現地法人の従業員も多いという。また、日本も含むグローバル共通人財マネジメントを進めている。限定的ではあるが、変容した企業コミュニティがグローバルに拡大していく可能性が高まっている。

　同社は、2010年代に急速に人財マネジメントの転換を図っている。これまでの人財マネジメントは、日本国内・個社単位であり、また、日本人・男性正社員中心・同じ場所、時間を共有した働き方等、同質な集団の人財マネジメントであったが、これからは、グローバル・グループ連結に広がり、国籍・性別・場所、時間にとらわれない働き方等、多様な集団の人財マネジメントへの転換である。その基盤の一環として、採用、人事、処遇、教育などにおいて企業グループ全体共通の人財プラットフォームを構築している。

　2012年度グローバル人財データベースを構築し、グローバルで管理職層の25万人の人財情報をデータベース化するとともに、グローバル・リーダーシップ・

デベロップメントを行い、500人のトップタレントをプール・育成した。

　2013年度は、全世界のマネージャー以上5万ポジションの格付けを行うグローバル・グレードを導入し、2014年度は、一種の目標管理制度であるグローバルパフォーマンスマネジメント（以下、GPM）を約11万人に導入し、順次拡大予定である。グローバル共通人財管理の管理職処遇制度では、「影響」「折衝」「革新」「知識」という4要素と、各要素に対する2〜3の評価軸（次元）を基にした職務評価から当該職務の役割の大きさを算出し、それを7つの役割等級にグルーピングしたグローバルグレード（HGG）をベースに構築している。賃金は役割等級ごとにレンジとなって、等級が大きいほどレンジ水準が高く、また、レンジの幅が大きい。具体的な賃金は、上長が個々人の「成果・貢献の期待値」を反映して前年度の成果・貢献の達成状況、当年度の取り組み目標レベル、組織全体の業績見通しという3つの指標を総合的に勘案し、6段階で評価して決める。従来、月俸は、「人」基準の資格給と「仕事」基準の職位加算給という2つの賃金項目によって構成されていたが、新制度では専ら仕事基準のいわゆる「役割給」となった[21]。賃金支払い基準が人から仕事に変わったのである。新制度の導入により、従来の職能資格等級制度は廃止となった。

　上記のGPM、グローバル共通人財管理の管理職処遇制度は、外国人を入れてグローバルレベルで議論しグローバルに通用するものとしてつくられたものである。そういう意味で、グローバルに通用する制度を日本に適用させたと言ってよかろう。なお、賃金水準や具体的制度運用は海外現地法人に委ねている。

　また、2015年度からは、適材適所、役割基準の人財マネジメントを徹底するために新人財情報システムを目指しているが、それができると、グローバル共通情報システムによる人財情報（評価、スキル、職務履歴等）を一元管理することができると期待されている。

　同社は、以上の人財マネジメントの転換を「メンバーシップ型雇用システムからジョブ型雇用システムへの転換」と言い表しており、また、その転換に見合うように「従来の慣行とは異なる価値観・働き方への意識改革＝日本の組織文化改革」を促している。

2.4　労使関係の変化 ── 企業グループとカンパニーへの限定的主軸移動

　同社に企業別労働組合が結成されているが、雇用を守ること、生活を守ること、そして社会を守ることなどを使命とし活動している。会社とはユニオン・ショップ協定を締結しており、課長以上の管理職等一定の従業員を除き、原則全ての従業員は組合員となっている。組合員数は、2014年11月現在約2万5000人である。

同労組は企業グループ子会社等に組織されている54の組合と共に、企業グループ連合（2002年結成）をなしているが、同連合の組合員数は約9万4400人である。

　同労組は、上記の使命を果たすために、運動を展開してきたが、グローバル化、企業間競争の激化、少子高齢化、急激な円高等で同社の企業環境が厳しくなり、企業が何年間は赤字を記録する中、生き残りをかけた同社の経営戦略・方針等に一定の理解を示し、結果的に企業コミュニティの対象者の減少や人から仕事への賃金支払い基準の変更について一定の理解を示すようになったとみられる。但し、同労組は、いまでも、賃上げの配分が資格等級や評価結果に拠らない一律の配分を求め、活動している。

　2000年代に入り、会計制度が単体から連結に変わって、企業グループ経営が強まっている。前記のとおり、同社も例外ではない。グループ経営の強化に伴い、グループレベルの労使関係が強まっている。グループレベルの労使関係の担い手は、労働組合の場合、企業グループを単位に組織している企業グループ連合であり、企業は、企業グループを統括しているグループコーポレートである。従来、個社レベルの経営審議会が行われていたが、2013年度よりそれに代わってグループ経営懇談会が行われている。同グループ経営懇談会は、「経営の円滑なる運営と事業の発展並びに組合員の労働条件向上」を目的に行われているが、主な話し合いの内容は企業グループ連結経営状況、経営方針、生産計画・予算・資金計画および実績、人員計画等である。2015年6月に行われた経営懇談会では、企業グループ連結業績および今後の見通し、2015年中期経営計画達成に向けた取り組み、部門別状況、コンプライアンスの徹底、等であった。グループ経営懇談会は、毎年4回四半期決算後に行われているが、参加者は、会社側の場合、社長、財務担当役員、労使関係担当役員らであり、組合側の場合、グループ連合の会長、副会長、事務局長ら、それぞれ16人で構成されている。傍聴も認められており、会社側は約30グループ子会社の労務責任者、組合はグループ連合や同社労組の中央執行委員および子会社労組の代表者約50名である。

　このように、同社および企業グループの経営に関する実質的な労使協議が2013年より個社の労使から企業グループの労使に移りつつあるといえよう。

　また、2000年代、カンパニー制経営の強化に合わせて、事業グループレベルの労使関係の役割も強まっている。労働条件の枠組み・取扱い、および労働時間・休日、等級制度、賃金・評価制度、賞与の水準は、カンパニーの労使と同社の労使4者で協定を結び、その他の制度・適用範囲についてはカンパニーの労使が協定することになっている。従来、処遇の全社一律決定からカンパニーごとの裁量決定への変化がみられる。一時金には部門業績が反映される。

とはいえ、同社労組は、「一法人・一労働組合・一労働協約」を活動の基本[22]としているので、労使関係の企業グループやカンパニーへの主軸移動は限定的である。春闘のあり方からもそれを確認することができる。春闘では、労組は、個社（同社）に対して賃上げや一時金要求を行っている。しかし、要求内容は、個別企業より連結の業績を重視しているように見える。例えば、2014年度、2015年度、同社ではそれぞれ3億、209億円の経常欠損であっても、連結（国際財務報告基準）[23]では6785億円、5190億円の当期利益をあげているので、組合は、賃上げと一時金要求を行い、賃上げ（ベア）としては2015年春闘で3000円、2016年春闘で1500円の回答を引き出した。一時金もそれぞれ5.72ヵ月、5.69ヵ月の回答を引き出した。会社側も連結業績を踏まえて回答している。企業グループ経営やカンパニー制経営の強化に伴い、グループやカンパニーレベルの労使協議は強まっているものの、賃上げや一時金は個別企業レベルで決まっている。言い換えれば、生産性向上に向けた経営に関する労使協議の主軸は企業グループとカンパニーへ移動しつつあるが、分配をめぐる労使交渉は個社で連結業績も踏まえて決定している。労使関係が多層化しているといえよう。労使関係においても、企業を単位とする企業コミュニティが変容を迫られているといえよう。

2.5　小括

　同社は、日本の企業コミュニティの典型的な企業とみられていたが、1991年バブル経済崩壊以降、低い経済成長率、少子高齢化による内需の伸び悩み、それに急激なグローバル化と企業間競争の激化等の環境変化により、企業コミュニティにも大きな変化が現れた。何よりも企業コミュニティの成員の減少を挙げることができる。事実上、雇用の面で企業コミュニティは企業グループ化したといってよいだろう。また、女性や外国人の成員化も進み、従来、男性正社員のみの企業コミュニティに成員の多様化が進んでいる。処遇の面でも年功的な運用を減らして人事評価の結果を昇格・昇給に反映する割合が強くなり、成員間の差は広がってきている。しかし、ブルーカラー40歳（勤続22年）の月例賃金は、平均を100とすれば、上位120、下位90であり、格差はそれほど大きいとはいえない。2000年代に入り、事業グループごとの業績や業界環境の違いを踏まえて、カンパニー制が導入されて、事業グループ間の多様化が進んでいる。

　同社は、2000年代、会計制度が単体から連結に変わることを機に、企業グループの経営を強化し、それに資する分社化等の企業組織再編を積極的に進めて、上記のとおり、雇用の面で企業コミュニティの企業グループ化が進んだが、2014年からは企業グループレベルにおいて人財の最適配置と活用を図るために、グ

ループレベルの人事・賃金制度等の標準化・共通化を図り、企業間の壁を低くした。また、2010年代に入って、グローバル化に対応するために、グローバル人財マネジメントを強化しているが、その一環として2014年いわゆるグローバル共通人財管理を導入し、国内管理職に適用している。処遇の基準を人から仕事に変えて、賃金も役割給一本とし、処遇の年功的運用も廃止した。グローバル共通人財管理が国内の一般従業員やグループの子会社、そして他国の同社現地従業員にどのように適用されていくのかは分からないが、少なくとも従来の企業コミュニティの日本純粋性を弱めることになるだろう。

労使関係も上記の企業コミュニティの変遷に伴い、「一法人・一労働組合・一労働協約」を基本とするものの、経営においては企業グループとカンパニーにその主軸が移りつつあるが、分配においては個社で連結業績も踏まえて決定している。

以上のことをみてみると、企業コミュニティは特定企業の日本的な特徴を薄くし国内だけではなくグローバルに広がる企業グループコミュニティへと変わりつつあり、そのコミュニティの内容は世界に通じるものとして広がっていくとみられる。その過程で、労働組合がどのような役割を果たしていくか注目される。

3　企業コミュニティ非成員の成員化運動
──資生堂労組の事例[24]

資生堂労組は、日本の化粧品業界を代表している資生堂[25]およびその販売会社等の主要子会社の労働者をユニオン・ショップに基づき組織している。子会社を含めて単一労組の形態をなしているのは異例である。2017年7月現在、組合員数は約1万2000人である。その内、後述するBCは約8200人と全組合員の68.9%を占める。同労組は1992年まで会社とのユニオン・ショップ協定により、会社の従業員のみを組織し、組合員数が3399人であった。翌年、同社の販売子会社の労働者を組織化し、組合員数が1万6492人と約5倍増した。ここでは、組合の組織化とその後の活動により、企業コミュニティの非成員であった販売会社の労働者がどのように成員となったのかについてみてみることにする。

3.1　企業コミュニティの非成員だった美容部員（BC）の職場実態

販売子会社の美容部員（Beauty Consultant、以下、「BC」という）は、昔、「企業コミュニティの一員とは思えませんでした。なぜかというと、経営や上司、または同僚のはずの営業担当によって、同じ仲間への言動とは思えない状況が多々

あり、BCは上手く使う存在としての意識が根強くあったと思います」。若いBCの方が使いやすいとなれば、歳を重ねたら辞めていくような仕組みや風土となって、子どもができたら辞めていくような流れがあった。「会社の中では誰もがBCのことを大事だといいながらも実は都合よく使いたい存在だった」。

　会社では、BCの「お客様に対する気持ちはものすごくつよい、会社愛がものすごくつよいので、仲間ではないけれども大事にしていた」。仲間ではないので、長期的に会社で勤め続けることへの期待が薄い。その結果、結婚、出産、育児というライフステージに退職する。また、賃金も若いうちは勤続と共に上がるが、40歳代になるとそれほど上がらない。

　1991年にBCとして入社した労働組合の副委員長（以下、「Kさん」という）は、「子どもができたら辞めないといけないという雰囲気が当時にはまだまだあって、子どももいつつくろうか、でも、それは辞めるときという意識があったので、なかなかつくれないでいたんです」という職場の雰囲気であった。そのため、多くの人が結婚、出産、育児を機に会社を辞めていった。Kさんの入社同期40人の中で、現在も同社で働き続けている人は3人に過ぎないのである。

　Kさんは、そういう雰囲気の中でも、結婚して子どもができたとき、「この仕事を続けたいと思ったんです。それは、なぜかというと、やはり店頭でお客様に接していくうちに、お客様を綺麗にしてあげることですごく喜んで頂けて、商品を売るのではなく、やはり綺麗になることで喜んでもらえるという付加価値の役割がBCにある」からであった。顧客の喜びから離れられなくて勤め続けたいと思ったのである。というのも、「そこで喜んで頂けることで、また来てくださる。『Kさん』って指名で来てくれるんです。必要とされている自分を感じる、誰かのために役に立てている自分がやり甲斐につながるんです」。喜んでもらう顧客との関係、信頼関係ができて、指名で店頭に来る顧客に自分が退職して姿を消すわけにはいかず、働き続けたいとの思いがあったからであった。

　しかし、働き続けることはそう簡単ではなかった。「1人目の子どもができたことを上司に告げると、『仕事をおりろ』といわれた」からである。Kさんは、「この仕事を天職と思い、上司に手紙を書いた」という。その手紙に、「この仕事は自分の天職だと思っている。続けさせてほしい。ご迷惑かけないように頑張りますので、御願いします」という内容を、何枚にもわたって書いたという。

　子どもができたら働き続けられない理由は、上司との関係だけではなかった。2人目ができたとき、「おなかに赤ちゃんがいて、同僚から『私が何で子どもをつくらないと思う？』『回りに迷惑かけるからよ！』と響き渡る声で言われた」というほどの雰囲気であった [26]。

子どもができたら働き続けられないのは、上司や同僚からの言葉や視線だけではなかった。「そのときは、マタニティ服もなかったからです」。妊娠してお腹が大きくなると、自ら辞めざるを得なかったのである。働き続けるためには、「自分で制服に近いものを買わなければならなかった」[27] という。

　企業コミュニティの成員外であったBCが子どもを持ちながら働き続けることは難しい職場であった。

3.2　BC の企業コミュニティの成員化

3.2.1　労働組合の BC に対する組織化

　同労組は、1971年から販売子会社の組織化を考えていたが、1993年に実現する。組織化に向けて、1990年〜91年にわたって、多くの組合を訪問するとともに、組織内で討議・検討を行った。その結果、「組織拡大に向けての基本構想」がとりまとめられたが、そこから組織化の背景についてみてみる。

　まず、組織化の狙いを6つに要約することができる[28]。第1に、会社との対等な関係および経営のパートナーとしての役割を果たすことである（対等な労使関係の形成）。当時、同社および販売会社では、全国に約1万7000人の従業員がいるが、そのうち、組合員は3400人と20％に過ぎない。組合員は専ら同社の従業員に限られていた。従業員の20％の組合は、1万7000人を率いる会社と対等な関係やパートナーにならないと判断したのである。

　第2に、多くの従業員の声を吸収し会社トップに伝えるという役割を果たすためである（多くの従業員の声の吸い上げと経営への伝達）。会社業績の向上は、組合員の生活向上に不可欠であるが、会社業績に重要なポジションで働く販売子会社の労働者の声を組合が吸収して経営協議会等の場を通じて、会社トップに提言することで、会社業績の向上に資すると考えたのである。

　第3に、組合波及範囲と組合員範囲とのギャップの解消である。同労組が会社との賃金等を交渉するが、その妥結結果は、組合員だけではなく、非組合員にも波及・適用されていたので、その組合の影響範囲に合わせて組織化するのが本来の姿だと考えたからである。

　第4に、組合要求の実現可能性の向上である。販売子会社の労働者を含む全従業員を代表する組合となり、組合員の声・意見をより会社に伝えることができて、組合要求が実現しやすくなる。

　第5に、経営へのチェック機能の向上である。販売第一線の声を吸い上げることができるので、経営に対するチェック機能が高まる。

　そして、第6に、スケールメリットを生かして、共済・福祉等の充実・強化が

図れる。

　同労組は、以上の狙いを目指して、会社との交渉、組織対象者への説明会等の開催を経て、1993年、販売子会社の労働者を単一組織体として組織化した。

3.2.2　BCのための活動およびその効果

①ワーク・ライフ・バランスの推進 [29]

　同労組は、組織化されたBCが働きやすい職場環境をつくるために、ワーク・ライフ・バランスに関わる要求を行い、実現した。第1に、「チャイルドケアプラン」の導入である。組合は、仕事と育児を両立させたいとの組合員の声を踏まえて1996年9月に組合内に女性委員会を設置しその内容を検討すると共に、翌年組合員へのアンケート調査を経て、出産・育児に関わる制度、取得方法や取得スケジュール、関係者とのコミュニケーション等を掲載した「Working Mother PLAN」を発行し、組合員に配布した。会社は、2000年、それを基に「チャイルドケアプラン」をつくった。母性保護、育児・介護制度や法規のガイドブックである「仕事と育児・介護の両立支援ガイドブック」も、1995年から組合が行ってきた活動を踏まえて、2005年、会社により刊行された。

　第2に、2006年、マタニティ制服の導入である。組合が、2003年、次のような組合員の声を会社に伝えた。すなわち、「マタニティ制服がないことはBCの妊婦を会社が認めていないということの現れだと感じます」等である。その後、アンケート調査でも導入を求める声を踏まえて、組合は、会社に要求し、BCのことについての本音の議論（年をとったら辞めてほしいとの本音）を避けたい会社に対して、粘り強い交渉を何度も繰り返した。そして「財源がないのでマタニティ制服の導入ができない」とかわした会社の発言に、「原資の問題なら組合が出す」と決断を迫り、ついにBCが出産・育児をしながら働き続けることができる環境づくりの象徴と言えるマタニティ制服が2006年2月に導入された。BCは、マタニティ制服の導入を、次のように喜んだという。すなわち、「マタニティ制服ができたときにはすごく嬉しかったです。未だにマタニティ制服をみると、もう触りたくなってしまうんです。『おめでとう』と声をかけてあげたくなる。なぜかというと、自分がそう言われてこなかったからです」。Kさん自身が2011年4人目の子を生んだとき、「初めて『おめでとう』と言ってもらえて、もうすごく嬉しかった」という。後述するが、2011年は、育児時間が自由に取得できる制度が導入された後のことであった。

　第3に、育児時間の自由な取得である。育児時間制度は、勤続1年以上で小学校未就学の子どもがいる従業員が1日2時間まで勤務時間を短くすることがで

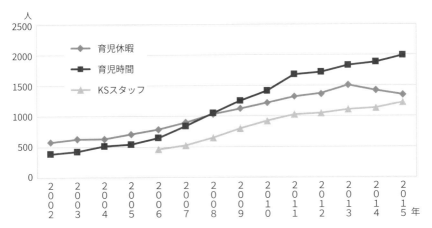

人

図：育児休業と育児時間利用者および KS スタッフ数の推移（出所 資生堂 HP）

きる制度である。組合は、2005年、育児時間制度の内容や取得等に関して組合員からの相談を受けて、同制度の自由な取得を会社に求めていたが、その実態把握を会社と共同で行った。その結果を踏まえて、会社は、2006年度に、「KS（Kangaroo Staff）制度」を導入した。育児時間を自由に取得しやすくするために、取得者1人当たりに2人の代替要員を配置する制度である。育児時間利用者は、同制度導入後、急増した（図参照）。

　このような組合運動と会社の対応により、同社では、出産・育児等を理由に退職する人はいない、と労使とも断言している。事実上、雇用が保障されている。

　また、こうしたワーク・ライフ・バランスの推進により、女性が管理職になることが多く、全管理職に占める割合は、2000年5.3％から2017年30％に増加した。BCから管理職になる人も多くなり、企業コミュニティの成員となったのである。

　②賃金制度の改訂・格差解消による生活保障へ

　会社は、1999年10月、人事処遇制度改革を組合に提案した。組合は、「公平・公正・透明」を追求し、組合員の納得性を高めモチベーションを向上させることが重要である」と捉えて、それにそった制度改革でなければ、「白紙撤回も辞さない決意」で臨んだ。従来の賃金制度では年齢給があり、月例賃金の約4割を占めていたが、BCのみが年齢と共に賃金が上がるのは40歳代前半までであり、それ以降は横ばいであった[30]。組合は、生活給的な意味合いがある年齢給にBCだけ頭打ちがあることは不公平であると指摘し是正を求めた結果、2001年10月新しく導入された人事・賃金制度では、年齢給を廃止し、BCも、他の職種の従業員と同様に勤続年数・年齢とともに、平均的に賃金が上がるカーブとなった。

2006年、BCの新人事・処遇制度（新BC制度）が導入された。前年に発表された経営計画の中に示された同社の「夢」[31]を具現化するためであった。新BC制度は、顧客満足追求の評価制度、BCの知識・スキルアップのための資格取得支援・研修、やり甲斐につながるキャリアパス、優秀なBCの早い昇格・昇給制度、そして賃金水準の引き上げ等を伴うものであった[32]。その結果、BC賃金は上がり、他の職種（資生堂の総合職）と最上位資格の賃金上限が同額となった。会社による新制度の導入であるが、組合が求めてきたBCの処遇向上に合致するものであった。

以上の賃金制度の改訂により、BCは、賃金の面においても総合職とまったく同じレベルに達し、生活保障がなされるようになったのである。

BCの企業コミュニティ成員化に伴って、資生堂では、次のような効果が現れたという。すなわち、①M字型カーブはなく、ふつうに仕事と育児の両立ができる、②優秀な女子学生の応募が増加、③「女性も男性も、自分らしさを発揮している」と感じている社員が増加、そして④女性管理職数が増加したことである。そのほかにも妊娠や育児の経験を通じて、「お客様との繋がりが広く深く持てるようになった」り、「信頼関係が深くなった」りすることはもちろん、仕事へのモチベーション・集中力、責任感が強くなる等、枚挙にいとまがないほどである[33]。

Kさんは、育児時間を利用する同僚の変化を次のように語っている。すなわち、同僚自ら、会社の指示もないのに、「子どもの塗り絵をコピーしてお店に置いておいたり、本を置いておいたりしていた。それによって、子どもが来ても気兼ねなく過ごせる時間をつくることによって、子連れのお客様が増えたんです[34]。お母さんも安心して話ができるから」。「お客様も、『あなたがいる時間に来るわ』と時間も合わせてくれるようになる。結果として売上が伸びたんです」。

3.3　組合運動のあり方と企業コミュニティの「本質」の追求

同労組は、2013年より会社をもっと愛する運動（「I Love 資生堂運動」）を展開している。同運動は、「『資生堂ならではの価値』[35]を自覚、実感し、100年、200年先まで、多くのお客さまに愛され、社会に必要とされ続ける会社であるために、資生堂の社員であることの誇りを持ち、みんなで話し合い、みんなで考え、自らが行動すること」であるという。同運動のキーワードは「心」である。

実は、現に、従業員の全ては「会社を愛し、大好き」であるが、それが自分のためなのか、お客様のためなのかによってその愛の中味が変わるという。組合は後者であってほしいという考え方で運動を行っている。それが会社の掲げる「美を通じて人々を美しくする、心まで幸せにする」ことにつながると思うからであ

る。顧客に美・幸せを提供し、顧客から「ありがとう」と言われて、やり甲斐を感じ、そういう機会を与えてくれた会社を愛する。また、そういう思いをする仲間を大事にするという連鎖、いわゆる「心求主義」を、組合は求めているのである。そうなれば、仲間同士が支え合いながら会社で働き続けられるし、また、美と心の幸せを求めてくる顧客が商品とBCの思いとつながることによって、組合の目指す「企業コミュニティ」を築き上げていくことを期待するのである。そうすれば、売上高や利益の数字は結果としてついてくるはずであり、会社の発展も望まれる。

Kさんは、「心求主義」を体験した。2000年代、「売上高が前年を切るのが当たり前の専門店で、8年かけて倍増させた（月平均4000～5000千万円から約1億円へ）」のである。「商品を売る前に自分をまず売りなさい」との思いで、顧客から信頼されるように、自らを磨き魅力のある存在に極め上げた。「相手のためにどれだけ自分がやって、それを相手が喜んでくれることがまた自分の喜びになって、もっと相手に自分は何か役に立ちたいとか必要とされる存在でありたいとか思える」という磨きである。その結果、「Kさんが言うんだったら間違いないから、これにするわ」、「Kさんの言うものだったら何でも安心して使えるわ」、「（顧客が商品を；呉）買いたいと言っても、『サンプルを使ってみて、良さを感じたらまた来てくださいね』というんです。そうすると、来てくれるんです」、また、雨の中でも「今日来ればKさんの手があいていると思って」というファンが増えた。そして、得意先の奥さんは、「熱のある子どもに冷えピタをはって連れて回るとき、『Kさん、うちで見ててあげるから、置いてきなさい』」という。「本当にお客様のことを思う気持ち」[36]があれば、顧客との心のつながりができるのである。そういうKさんをみて、仲間達は、販促費がなくなって大変な思いをするエリア責任者のKさんに、「Kさん、お金がなくても私たちがいるんじゃないですか」という。仲間の間に心がつながったのである。顧客は、「そういう雰囲気を求めて」いるのである。心で顧客、仲間とつながっていれば、結果はついてき会社の発展に結びつく。その心のつながり・連鎖・輪こそ、本当のコミュニティ[37]だと体験したのである。

顧客の美と心の幸せをまず求める「心求主義」は、会社の企業理念に合致する。企業理念の「Our Mission」で3つを掲げているが、その1つが「美しい生活文化を創造します」であり[38]、その意味するところは、「人は、それぞれが美しくありたいという根源的な欲求を持っています。美は、人を励まし、生きる喜びや勇気さえも与えます」と書いてあるからである。

同労組が描いている「企業コミュニティの本質」とは、顧客の美・幸せ、それ

を実践するBCのよい職場環境と仲間同士の支え合い、その結果、会社の発展につながることであり、同社に関わる全ての人々が幸せになること、それを一言でいえば、「心求主義」である。その過程で、従業員が働き続けられる雇用保障、生活できる賃金がみたされると考えているのである。

一方、企業が求めがちなのが「数求主義」である。「数求主義」とは、売上高、利益等の数字を求めて行う経営や管理、また、働き方である。「数求主義」の下では、会社利益が最優先されて、それに貢献する従業員の個人を高く評価し、従業員個人は高く評価されるために商品を売りさばき、それを買う顧客はその手段となり、顧客の心はみたされない。その結果、顧客はその企業から離れていき、企業の発展は望めないと、組合は考えている。また、「数求主義」の下では、有給休暇や育児時間等が自由に取得できない恐れがあり、その該当者の働く意欲が損なわれる。

3.4　企業コミュニティの「本質」の追求に向けての労使関係のあり方

「心求主義」に基づいて、企業コミュニティの「本質」を追求していく上で労使関係のあり方はどうあるべきか、組合の観点でみることにする。組合リーダーの4つの心得が求められる。

3.4.1　相手を変えるためにまず自ら変わること

同労組は、1999年と2000年、商品を取引先に押し込んでも売れなくて返品されるという「押し込み販売」問題の解決に向けて、「賃上げゼロ要求」を掲げて経営改革を促す運動を展開した。その結果、会社が変わり、同問題の解決につながった[39]。その時、組合が掲げたスローガンが「組合が変える・組合も変わる」であった。組合の生命線である賃上げの「ゼロ」を要求することは、当時、不可能に近かった。会社を変えるためには、最も変えたくないところを先に自ら変えることである。愛社運動も組合員と会社を変えるために、組合がまず変わる運動である。

3.4.2　弱い労働者の声を吸い上げて対等な労使関係の堅持

労働基準法、労働契約法、労働組合法等の労働法では、労使の対等性原則が示されている。労働組合が、経営権、人事権をもつ会社と対等になることは困難である。対等になるためには、会社に必要な存在となることである。階層組織である企業であるために、企業のトップには、一番弱い労働者の声やマイナス情報は伝わりにくく、それを伝える存在が求められる。労働組合がそういう存在であり続ける限り、会社と対等になれる。

同労組は、モノづくりを直接的に担う非正規労働者の不合理な格差や不満・不平を解消して国内工場の存在価値を高める「工場改革」を目指した活動を2010年から展開し、組合員と会社を動かした。その結果、2017年4月から工場労働者に新しい人事制度が導入されたが、雇用形態区分による不合理な格差や根拠のないヒエラルキーをなくして誰もが公平に成長・活躍できる機会が与えられる（「同一労働同一賃金原則の実現」）。工場改革に対する組合員の賛成率が50％台[40]でぎりぎりで承認されるほど、既存の正社員（組合員）には厳しい内容でもあったが、非正規労働者の声を受け止め、組合の意思として実現したのである。会社にとって必要な組合活動であり、組合は会社と対等にまた協調しながら同改革を進めることができた。さらに工場改革では、組合員間の平等性を確保するため既存の組合を解散し、非正規労働者を含めた新しい組合の立ち上げを予定している。

3.4.3　距離感覚と覚悟・正義感の保持
　組合幹部は、多くの場面で会社の上層部・経営陣に接することで会社の「数求主義」に陥り、経営と同質化しがちである。同質化した組合は組合員よりも経営のことを重視し、さらに言えばその組合幹部は自分の評価のための活動を平然と行うようになる。これは組合に絶対あってならないことである。組合幹部として経営に近づけば近づくほど、組合幹部としての使命感や意志を強く持ち、自分のことは考えず、組合員のために毅然とした姿勢で経営に向き合うことが必要である。経営と噛み合わない、違和感がある、組合の話を真摯に聴かない等があるときは、主体性を発揮し会社と距離を置き、組合の原点である組合員のもとに活動を置き、さらに組合員の声にしっかりと耳を傾け、職場の状況に目を配る覚悟と正義感を持つことが大切である。当然のことながら企業の盛衰は職場と社員の意識にあり、組合が職場の状況や従業員の気持ちをしっかりと掴み、信頼を得ることができれば、いずれ経営は組合の話を聴き、また、それをもっと求め、健全な会社の発展にお互いの役割を果たすことができるのである。したがって組合幹部は、自分のことを考えずに、組合員の声を代弁する覚悟を常に持つことが肝要であり、組合幹部は、組合員に近く、また、組合員の心と常につながっていなければならない。

3.4.4　事象を人の側面から捉えて布石を打つ
　会社は事象が起きたら物理的なところをみるだけで終わってしまいがちである。労働組合は、人や人の心の側面から事象を事前に捉えて会社に言う、という布石を打っておくことが大事である。事象が起きたときには、「以前、組合が指摘し

たことがある」と、会社に言うことで、組合の感知力・情報能力・見識を会社が認めるようになる。そうなると、会社は、「自分たちが知らないことをやつらは知っているかもしれない。聞いてみよう」という姿勢となり、経営の中で組合の存在を必要とするのである。「資生堂ショック[41]」につながる問題についても、組合はショックの3年も前にBCの心を把握し、「このままにしておくと問題だよ」と同問題を会社に提起した。その結果、会社は、同問題の解決に向けて組合に会社の考えを説明して理解を求め、「組合と一緒にやりたい」と言ってきたのである。

　布石を打つとき、人の心をつかみ、その人を動かすことが重要である。相手の心を動かすポイントをぐっとつかみにいくためには気迫がものすごく大事である。そのポイントが隠れて生きている組合員の心に感情移入し、それを生かすチャンスをつかみ、たとえ相手が経営トップであろうが、毅然として向き合い、相手の心情を理解したうえ、心の間口から心の中に入り、それを伝えるのである。その姿勢と思いによって相手は、心を動かされて変わり、組合員の問題を自分のものとして受け止めて、解決に向けて自らの意思で取り組むのである。その過程で、労使のトップ同士は、お互いの責任を負いながら、本音ではっきり物事をいえる関係性が生まれるのである。

3.5　小括

　資生堂労組は、1993年、販売子会社の労働者を単一労組の形態で組織化して、組合員数を約5倍増やした。それにより、販売子会社労働者の大半を占めるBCも組合員となった。組織化の前、BCは、元々同労組が組織されていた資生堂の企業コミュニティの成員ではなかった。BCの多くが結婚、出産、育児を機に退職していき、事実上、雇用が保障されておらず、また、賃金も40歳代以降はそれほど上がらなかった。同労組の組織化およびその後の活動と会社の前向きな対応により、ワーク・ライフ・バランスが進められて事実上の雇用保障がなされ、また、賃金も他の職種の労働者と同様に、勤続・年齢の増加に伴い平均的に上がり、生活が保障されるようになった。組合の組織化によって、BCも企業コミュニティの成員となったのである。その結果、仕事へのモチベーションや業務の効率性、創意工夫などが高まり、付加価値の創出力が上がった。

　ところで、同労組は、2013年から異次元で企業コミュニティの本質を追求する運動を展開している。「心求主義」に基づく「愛社運動」である。組合員が、美を通じて顧客の心を幸せにして、それによってやり甲斐を感じ、そういう機会を与えてくれた会社を愛する。そういう思いをする仲間を大事にするという心の

連鎖を求めて、それを広げる運動である。商品の購入者も販売者も製造者も心がみたされるその心で1つのコミュニティとなれば、結果として会社も発展することが「企業コミュニティの本質」だと考えて、企業コミュニティの新たな地平を切り開いている。そこでは、自分より顧客、また、仲間、さらには会社を大事にする利他主義があり、それによって結果的に自分ももっとよくなることを確信しているのである。そのための基盤は、組合の組織化とその活動によって、BCが企業コミュニティの成員となったことである。もしBCが組織化されなかったら、労組は、2017年7月現在、約1900人の組合員（資生堂正社員）しか有しておらず、愛社運動をすることも難しいと言って過言ではない。1993年のBCの組織化はいくら強調してもしすぎることはない。

　そういう企業コミュニティの本質を追求するにあたり、組合リーダーの4つの心得が求められる。すなわち、「相手を変えるためにまず自ら変わること」、「弱い労働者の声を吸い上げて対等な労使関係の堅持」、そして「距離感覚と覚悟・正義感の保持」、そして「事象を人の側面から捉えて布石を打つ」である。その4つの心得の下、販売子会社の労働者を含めて企業グループレベルで労使関係を展開している。

4　まとめ ── 企業コミュニティの新たな地平を求めて

　2つの事例研究から明らかになったことをいくつかの視点でまとめてみることにする。

　1960年代までの調査研究を通じて示された「企業コミュニティの古典型」は、2つの事例をみてみると、薄まった。第1に、成員の変化である。日立では主にその成員の縮小と女性の成員化が進んだ。1990年代以降、グローバル化、企業間競争の激化、少子高齢化に伴う内需の伸び悩み、円高等の厳しい企業環境の下、2000年以降は連結会計制度の導入、事業の選択と集中の推進、それに伴う分社化の活発化等の企業組織再編を進めたが、それに伴い、連結子会社に転籍する従業員が増えて、その結果、同社で定年退職を迎える人は少なくなり企業コミュニティの成員が減った。

　資生堂では、成員の拡大である。1993年、非成員だったBCへの組織化とその後の組合活動により、BCは販売子会社の従業員でありながら資生堂の正社員と同様に、資生堂の成員となった。

　第2に、成員間の格差の拡大である。両事例とも加齢に伴って上がる成員の平均的な生活費をみたす賃金を支払っているが、年齢に直結する賃金ではなく、役

割や成果の高さに応じてである。そのために、役割や成果の差によって、成員間の処遇格差が広がっている。

　第3に、「企業コミュニティの古典型」の薄まりのほかに、企業コミュニティの範囲は拡大している。日立では、2014年、企業グループ全体における人事・処遇制度の標準化・共通化が図られて、日立とグループ子会社との間の違いが少なくなり、また、2004年からは、「グループ公募制度」の導入により、グループ内の人財移動が可能になったのである。企業コミュニティの企業グループ化といえよう。企業組織再編に伴う子会社への転籍による終身雇用圏の拡大（雇用保障の企業グループ化）も進んだ。資生堂では、前記のとおり、販売子会社でありながら、2001年、2006年の制度改訂により、人事・処遇制度が資生堂の正社員と同等となり、名実共に企業コミュニティの範囲が広がったのである。

　第4に、企業コミュニティの新たな地平についてみてみると、日立では、企業コミュニティのグローバル化、資生堂労組では、「心求主義」に基づく企業コミュニティの本質追求がみられる。日立では、2014年、グローバルに通用するグローバル共通人財管理の処遇制度が管理職に限って導入されたが、他国に広がっていけば、同社の企業コミュニティが世界に広がる。それと共に、日本色が一層薄まっていくとみられる。資生堂労組では、2013年から「心求主義」に基づく愛社運動を展開しているが、顧客と従業員、従業員の間を心でつなげて企業発展を図ろうとする、企業コミュニティの本質を独自に追求する運動である。同運動に向けて組合リーダーの4つの心得は注目に値する極めて重要な内容である。

　第5に、労使関係では、日立の場合、労働組合が「一法人・一労働組合・一労働協約」を活動の基本としているものの、企業グループやカンパニーレベルでも経営に関する協議を中心に労使関係が形成され、労使関係の多層化が進んでいる。賃金は個社の業績に加えて、グループ業績を踏まえて決まり、成員の範囲と処遇決定範囲が違っており、企業別労働組合に基づく企業コミュニティが変容しているといえよう。資生堂では、労組が1993年、販売子会社の労働者の組織化により、個別企業という法人を超えた労使関係による企業コミュニティが展開されている。その組織化は企業および組合の影響圏に合わせて組合員の範囲を広げたものであるが、組織化後は、組織されたBCの声に基づいた運動を展開した結果、企業コミュニティの内実（雇用保障・生活保障）が整ったのである。

　「企業コミュニティ」という言葉は、個別企業や組合によってその受け止め方が様々である。昔（高度経済成長の時代）、企業という壁を高くまた厚くつくって、企業の成員を守るというイメージが強かったのではないか。その1つが法定外福利厚生（企業福祉）であった[42]。当時は、どの企業も成長したので、一部では

マイナスの面が指摘されたものの、総じて、企業コミュニティは肯定的に受け止められた。1990年代、バブル経済崩壊以降、企業の壁は、ある面では業績悪化等に伴って否応なく、ある面では意図的な取り組みによって、低くなっているとみられる。企業の特徴を表す意味での「企業コミュニティ」もその色があせてきているように思われる。

　こういう中、「心求主義」に基づく「愛社運動」によって、「心」で顧客、従業員・組合員、会社を繋げて、全利害関係者のことをよくしようとする組合運動は、企業コミュニティの本質を見つめ直すことを提起している。いまの時代、「うち（私、わが社）だけよければ、社会もよくなる」というトリクルダウン効果は効かなくなり、合成の誤謬を引き起こす恐れもある[43]。企業の壁を低く薄くして企業の商品・サービスの購入者（広く言えば全消費者）の心・利益をまず満たして、労働者の働きがいと企業の発展を図る「愛社運動」は、合成の誤謬を引き起こさずに、「企業コミュニティの本質」を追求する運動といえよう。労働組合と企業、また両者の労使関係が「愛社運動」を通じて自社にあった、あるいは自社なりの「企業コミュニティ」の新地平を切り開いていくことを期待する。

【注】

[1] この論文は、労働政策研究・研修機構『日本労働研究雑誌』2017年9月号 No.686に掲載した稿に手を入れたものである。

[2] 稲上毅（1999）。企業コミュニティの正統な研究については、同文献を参照されたい。

[3] 64.3％の労働組合が労働協約や何らかの規定に基づいて、ユニオン・ショップ協定を締結している（厚生労働省、2012）。

[4] 最近、非正規労働者にも広がりつつある。2013年、パートタイム労働者に組合員資格を与えている組合は32.6％、実際、パートタイム労働者の組合員がいる組合は20.5％である。2008年に比べると、それぞれ8.4％、3.1％増加した（厚生労働省 2014）。

[5] 1990年代の半ばまでの変容については、佐藤博樹（1999）を参照されたい。

[6] Dore（1973）。

[7] 2017年7月13日、同社の人事勤労本部長と同本部の部長代理にヒアリングを行った。大変ご多忙の中にもかかわらず、貴重なお話と資料提供をして頂いた両氏にこの場を借りて心より感謝申し上げる。執筆内容は、両氏のお話のほか、入手可能な多様な資料に基づいている。内容に問題点等があれば全て執筆者の責任である。

[8] そのマイナス額は、1998年度3276億円、2001年度4838億円、2006年度327億円、2007年度581億円、2008年度7873億円、そして2009年度1069億円であった。

[9] 企業グループ経営に伴う終身雇用圏の拡大に関する歴史、事例、また、全体の研究については、稲上（2003）を参照されたい。

[10] 日立労働組合（2012）『日立労働組合単一化四十年史』。1970年の場合、従業員数10万5000人、労働組合員数8万2000人であった（同社（1985）『社史4』）。

[11] 日立製作所『有価証券報告書』。

[12] 出産休暇は産前8週と法定の6週より長く、また、育児休暇も小学校1年終了まで通算3年と

法定の1歳までよりもかなり長い。また、育児短時間勤務も小学校卒業までに4〜7時間が可能であり、法定の3歳未満6時間よりも長く、また柔軟である。

[13] 日立製作所（2014）『グループサステナビリティレポート2014』。育児短時間制度の利用者は、2014年度663人、2015年度668人と2013年度を下回っている。なお、2004年度は81人であった（日立製作所『CSR報告書2005』）。

[14] 日立製作所（2016）『サステナビリティレポート2016』。

[15] 企業風土改革（Open, Challenging, Diversity）、従業員意識改革が同時に進められた。

[16] 『労政時報』第3475号2001.1.19.

[17] 福利厚生の面でもそういう側面を確認できる。例えば、勤続表彰制度の廃止を挙げることができる。勤続を奨励する福利厚生（15年勤続表彰（掛け時計）、25年勤続表彰（夫婦ペアの腕時計）、35年勤続表彰（銀メダル））も2000年代に入ってなくなった。

[18] 総合職（ホワイトカラー）については、1998年、年功制の圧縮、能力・成果等のいっそうの反映、賃金カーブ・賃金体系等の見直しを行った（『労政時報』第3365号, 1998.9.11）。

[19] 『労政時報』第3619号（2004.2.6）。

[20] 日立製作所HP（2004年2月24日）。

[21] 『労政時報』第3927号（2017.3.24）。

[22] 日立労働組合（2012）『日立労働組合単一化四十年史』。

[23] なお、日立製作所の売上高が連結に占める割合は、2015年度の場合18.5%である。

[24] 2017年7月16日、同労組の前委員長（赤塚一）および美容部員出身の現副委員長にヒアリングを行った。また、7月30日、同前委員長に2回目のヒアリングを実施した。ご多忙の中、また、日曜日にもかかわらず、調査にご協力頂いた両氏にこの場を借りて心より感謝申し上げる。また、同労組の現委員長（宮澤賢）にも資料の提供、補足説明を頂いた。併せてお礼申し上げる。

[25] 資生堂単体の売上高は、2016年度2028億円であり、従業員数は2811人である。グループ子会社を含めた連結ベースでは、それぞれ8503億円と3万6549人である。同社の連結に対する割合は、売上高では23.9%、従業員数では7.7%である（資生堂、2017、『有価証券報告書』）。

[26] 例外的に育児しながら働き続けられた人は、「親が（子の；呉）面倒をみられる人。ごく限られた」という。

[27] 自分でマタニティ服を買うときには、「制服を着られないという理由」を記して「異装届けを出さなければいけなかった」という。

[28] 資生堂労組（1998）『労働組合結成50年を迎えて』。

[29] この部分の多くは、呉学殊（2013）から引用した。

[30] 年齢給は、30歳代前半まではBCが他の職種労働者より若干高い。例えば、1999年度の場合、24歳であれば、総合職が8万0300円に対し、BCが8万6550円であった（資生堂労組提供資料、2000.「2000年度当社の賃金の仕組み」）。しかし、全体的にみて、BCの年齢給は他の職種に比べて低かった。

[31] 「100%お客さま志向の会社へ変わる」、「大切な経営資源であるブランドを磨き直す」、「魅力ある人で組織を埋め尽くす」の3つである。

[32] 資生堂労組提供資料（2006）「新BC制度」。

[33] 呉学殊（2013）。

[34] 「化粧品店は子どもが行きづらい。ちょっと敷居が高いので、子連れでは行きづらいところ」というイメージがあるという。

[35] 3つによって構成されている。第1は、「リッチ」であるが、「モノやサービスの質の高さを細部にわたって徹底してこだわり、実現していること」である。それは、「単なる豪華なこと

ではなく、人の心の豊かさを表現する本物のサービス」を表す言葉である。第2に、「ヒューマンサイエンス」であるが、「研究開発において、肌を美しくすることだけでなく、ヒトの心にいかに働きかけるかまでを探求する」ことであり、そして、第3に、「おもてなし」は、「ヒトやモノを介した触れあいを通じて、心までも豊かに導いていくこと」である（資生堂労組提供資料, 2014,「I Love 資生堂運動」）。組合は、その運動の一環として現在まで主に3つの活動をしている。①同社工場で社員対象に「美容講座」を開き、自社の商品を使って、綺麗になり、会社のファンとなり、工場内・外に会社のファンを広めている。②会社の web サービスである「ワタシプラス」（化粧品や美容についての質問・お悩みに回答するサービス）を広めること、そして③サンプリングの配布である。単に配布するに終わらずに、サンプルの配布に参加する者が、商品の研究・開発、施策、生産に携わっている仲間の商品への思いやこだわりを全員で共有することである。埼玉県の久喜で行われた③の活動は、社内外に大きな反響を呼んだという。

[36]「（顧客に；呉）ファンデーションをつけたときに、もう感激するぐらい肌が変わったときのあの瞬間を感じてほしいなとか、喜んでほしいなとか、これを使い続けることでそのお客様が綺麗になって、その人の人生も豊かになってほしい」という気持ちである。

[37] こういうコミュニティだからこそ、「自分の人生を捧げてもいいと思っているぐらい、資生堂が大好きですね」とKさんはいう。逆に「自分のことだけ考えている中でコミュニティは存在しない」と、前委員長は言い切るのである。

[38] 残りの2つは、「私たちは、多くの人々との出会いを通じて、創造的な関係を築くこと」、「新しく深みのある価値を発見すること」である。

[39] 詳しくは呉（2013）を参照されたい。

[40] 賛成率は、SK 工場53%、SO 工場56%、SG 工場53%であった。

[41]「資生堂ショック」は、NHK の報道で世の中に広がった。2015年11月9日、NHK が朝のニュース番組「おはよう日本」で、「育児休暇や短時間勤務などをいち早く導入してきたのが資生堂でした。ところが、資生堂は2014年4月、こうした制度について大きな方針転換を打ち出しました。子育て中の女性社員にも平等なシフトやノルマを与えるものです。その内容に、世間では、『資生堂ショック』とも言われています」という報道であった。

　「資生堂ショック」の真相は、次のとおりである。同労組は、会社が2014年、下記の「制度運用の立て直し」（上記 NHK のいう方針転換は過剰反応の表現である）をする3年以上前に、育児時間利用者を支える同僚 BC 側の疲弊の問題をつかみ会社に提起した。支える側は、遅番（11時15分から20時まで。ちなみに早番は10時から18時45分まで）勤務と土・日勤務を担い、プライベートな時間を持つことが早番と比べると難しい。育児時間利用者の代替要員がいても、夕方、土・日、客の多い繁忙期には、支える側の BC は負担が非常に大きい。その中で育児時間利用者同士が「時短後にショッピングを楽しんだり、お茶をしたり、サッカー試合の観戦などに行ったりして、育児のためではなく自分（たち）が楽しんでいる」という声が聞こえてくると、支える気力がなくなり、負担感や不公平感が高まる。それは「子育てのためなら応援しようと思って、遅番をして支えていたのに」という思いがあったからである。組合は、そのような問題をキャッチし、BC のモラール低下や BC 間の軋轢、社内における BC の位置づけの低下、上司の「数求主義」的な対応が起きており、制度導入の意図とは異なることから、会社に対応を求めたのである。問題の中には、下記のマネジメント層の問題のほかに、育児時間利用者にも制度利用の既得権化・プロ意識やキャリアアップ意識の低下、制度理解の不足や甘え、周囲への配慮と感謝の気持ちの不足等も挙げられる。

　会社はそういう問題の解消に向けて、制度運用の立て直しを行ったが、その1つが「育児時間制度取得に関する相互確認書」に同制度の利用者と上司が署名することである。育児時間利用者の就業時間は、当事者の選ぶ権利ではなく、上司（会社側）が、一定の配慮の上、決

定するものという内容であり、上司の役割が重要である。上司は、同制度運用の立て直しの
前には、育児の経験や育児時間制度への理解不足等のほかに、「数求主義」に基づくマネジ
メントの側面もあって、育児時間利用者に対して早番勤務、土・日勤務免除等の一律管理を
行ったが、制度運用の立て直しの後は、育児時間に関する会社方針の潮目が変わったと感じ、
逆にそういう遅番や土・日勤務等を行わせる一律管理を行う側面が一部あった。マスコミは、
「数求主義」という考え方に基づき、以上の会社対応と該当者一部の反応を、女性の働きやす
い企業としてのイメージからの「方針転換」と過度に意識して「資生堂ショック」と表現し
たのである（「資生堂ショック」や同社の女性活躍推進の中での「資生堂ショック」の意味に
ついては、石塚（2017）や、山極（2016）を参照されたい）。なお、社内では制度そのものは
変わっておらず、「ショック」と受け止める人は少なかった。「ショック」と感じる人は、同
制度の正確な内容や趣旨が伝わらず、不安を感じた可能性がある。

　会社は、制度の意図とは異なり緩んでしまった制度運用の立て直しをするためには、BC
を管理するマネジメント層の理解が重要であると判断し、2013年、全国13ヵ所で「仕事と育
児の両立・第3ステージへの進化」とのテーマでセミナー（丁寧なコミュニケーションを通
じて、個別事情に配慮したワーク・ライフ・バランス支援とキャリアアップ支援等に必要な
内容）を行ったが、労働組合もそれに参加して、セミナーの実行可能性を確認するとともに、
組合も一緒に進めているとの安心感を参加者に与えようとした。資生堂では、上記のような
労使の行動によって、現在「男女ともに子育て・介護等をしながら、しっかりキャリアアッ
プ」を行う「女性活躍の第3ステージ」への移行中であるが、その実現には、マネジメント層
の役割が極めて重要であり、また、その適格な役割をチェック・サポートする組合の活動も
欠かせない。

　以上の「資生堂ショック」の報道やその真相から、次のような教訓が得られる。すなわち、
労働者側（組合）が現場の労働者の思いや実態を正確につかみ、問題解決のために会社と厳
しく協議・交渉をし（呉（2013）参照）、さらには管理をチェック・サポートしていかなけれ
ば、本当のワーク・ライフ・バランスは実現できないということである。何よりも会社・職
場の中で労使が対等かつ真摯に話し合う労使コミュニケーションの基盤をつくることが肝要
である。しかし、その基盤となり得る組合の組織率が、2018年現在、17.0%に過ぎず、大半
の職場ではそういう基盤がない。それでは、現在、政府が進めている働き方改革も1億総活
躍社会の実現も絵に描いた餅だと感じざるをえない。関連するコラムを参照されたい（呉学
殊、JILPTコラム、「1億総活躍社会の実現は、労使コミュニケーションの経営発揮から！」
http://www.jil.go.jp/column/bn/colum0267.html）。

　「資生堂はワーク・ライフ・バランス推進の先駆者」だとよく言われているが、それには同
労組が行ってきた役割の重要性をいくら強調してもしすぎることはない。

[42] 企業福祉は、企業が法律によらず、自由に増やすことも減らすこともできるものであるが、
企業福祉費が現金給与総額に占める割合は、1955年8.5%にも及んだ。その後、毎年ほぼ一
貫して減り、2015年現在4.5%となった（日本経団連、2016）。企業の従業員1人当たり年間平
均支出額は、ほぼ毎年増加し、1996年2万9756円に達してからはほぼ減り続けて2015年は2万
5462円である。

[43] 古賀（前連合会長・現連合総研理事長）も「『わが組織』、『わが企業』、『わが産業』の存続
を追求する労使の姿勢が、合成の誤謬として社会的・経済的格差という負の側面の要因のひ
とつになったことも事実です」と、指摘している（古賀2017）。

【文献】

Dore, R., 1973, *British Factory-Japanese Factory: The origin of national diversity in industrial
relations*, Berkeley, CA.: University of California Press.（=1987, 山之内靖・永易浩一訳
『イギリスの工場・日本の工場』筑摩書房.）

稲上毅, 1999,「総論　日本の産業社会と労働」, 稲上毅・川喜多喬編『講座社会学6　労働』東京大学出版会.

石塚由起夫, 2017,『資生堂インパクト』日本経済新聞出版社.

――――, 2003,『企業グループ経営と出向転籍慣行』東京大学出版会.

古賀信明, 2017,「第20回ソーシャル・アジア・フォーラム（東京会議）記念講演」, 連合総研『第20回ソーシャル・アジア・フォーラム（東京会議）開催報告書』コンポーズ・ユニ.

厚生労働省, 2012,「2011年労働協約等実態調査」

――――, 2014,「2013年労働組合活動等に関する実態調査」

日本経団連, 2016,「福利厚生費調査結果報告第60回」

呉学殊, 2013,『労使関係のフロンティア――労働組合の羅針盤』【増補版】労働政策研究・研修機構研究双書.

佐藤博樹, 1999,「日本型雇用システムと企業コミュニティ」, 稲上毅・川喜多喬編『講座社会学6　労働』東京大学出版会.

山梨清子, 2016,『女性活躍の推進――資生堂が実践するダイバーシティ経営と働き方改革』経団連出版.

階層研究の死角と社会学的伝統の射程
—— 集合性をめぐるアプローチ

丹辺宣彦

1　はじめに

　今日、階層研究の主流といえば、格差の測定や、格差が個人の地位達成や階層移動におよぼす影響に関する計量研究であろう。分析の単位が個人であろうと、性別や人種などのような集合的水準にあろうと、あるいは社会全体（階層移動レジームのように）であろうと、このことはおおむね当てはまるように思える。20世紀中盤以降、さまざまな概念と、これに対応する指数・係数を開発し、しだいに洗練された多変量的手法を取り込み、データの範囲と地域間比較の視野をひろげながら、階層研究は質量ともに著しい発展をとげてきたのである。

　これにたいして、資本主義社会の基本的な利害対立軸に照準をさだめて展開されてきた階級論の伝統は、労資関係の制度化や中流化をはじめとする20世紀中葉以降の資本主義社会の構造的変化そのものによって説明力とリアリティを弱めてきた。現在の日本の社会学では、「階級」を研究する研究者は筆者の年代から上にほぼ限られ、若手の研究者はきわめて少なくなっている。「格差社会」の到来にともない、マルクスの著作やアンダークラス論がふたたび注目されているが、いまのところはある種の社会的、思想的なブーム以上のものにはなっていないようである。研究者のあいだでも、「階級」とは、「階層」にたいする多次元的なとらえ方のなかで、経済的階層に焦点を当てた特殊ケースとする考え方の方が一般的なのではないだろうか。

　それでは社会学的伝統のなかに、階級論が持ち合わせていたにもかかわらず、現在の階層論が見失ってしまった視点はなかったのだろうか？　これを本論の前半のテーマとし、階層性と集合性の関係という論点＝課題を取り出す。後半では、社会学の伝統と接続しながら新たな時代にふさわしいかたちでこの課題に取り組むための方途を探ってみたい。

2　階級論の伝統と社会学

　古典的な階級論は利害対立や搾取をめぐって展開されてきたこと、この基本的な視点が反対者から批判の対象にされてきたことはよく知られている。だが、階級論が説明しようとしていた肝心の社会現象＝被説明変数が、階級的利害のためにたたかう集団・組織の形成、あるいは現在の用語で言えば、「集合行為」の担い手の問題であったことは、マクロな社会構造の把握、搾取や不平等をめぐる議論の背後に隠れて相対的にみえにくいものになっている。

　こうしたことが生じた理由のひとつは、階級構造と集団形成の関連というこの問題があまりにも難しいものであったために、階級論の主唱者たちも、この問題を解きあぐねていたためである。K・マルクスは、確立されつつある資本主義的な社会秩序が、多くの労働者や貧民たちの生活にとって破壊的に作用することをするどくみてとり、この問題を解決する集合的な担い手として、階級意識をもったプロレタリアートという「対自階級」が出現すると予想（あるいは期待）した。労働者階級が、対自階級としての自覚を高めて結集し、労働組合の組織、社会主義政党の樹立、労働立法の実現などに向けてたたかう、というマルクス主義の図式は、集合財の供給水準の欠乏状態と、これを解消するための集合行為の担い手をどこに求めるのか、という問題であることはみやすいだろう。

　M・ウェーバーは、マルクス主義のこの単線的図式に異をとなえ、「地位」や「支配」の機制こそ、より直接に集団・組織形成をうながすと考えた。これは、前近代的な「身分」にだけあてはまるのではない。たとえば『社会主義』と題した講演では、次のようなくだりがある。

　　この官僚層はまったく一定の仕方で教育されていなければならず、そのためにまったく一定の地位（身分）的性格を帯びています。……そこでは、少なくともドイツでは、これらの学校で学生組合に加入し、顔面に刀傷を受け、決闘申し込みに応じる資格をもち、こうして予備将校になる資格を取得し、のちになってオフィスで上役の娘さんに求婚する優先的チャンスをもち、こうしていわゆる『上流社会』に同化しようとする願望がはたらいています。……同様のことは、強弱さまざまの違いはありますが、この職員の多くの下層にもはっきりとあてはまります。すべての人々は、自分自身のためであろうと、自分の子供のためであろうと、少なくとも類似した地位（身分）的資格を得ることに努めているのです。プロレタリア化への一義的傾向はこんにち確認することはできま

せん（Weber 1924: 510=1980: 68）[1]

　ここでは、階級的な集団形成の力に対して、地位的な集団形成の力がまさり、二大階級間の利害対立が緩和されていることが主張されている。

　機能主義的階層論は、現在の実証的、計量的な階層論にかなり近い理論的スタンスをとっているようにみえる。しかし、ここでもまだ、個人にとってではなく、社会システムの「機能的要件」というかたちでの集合財（公共財）の供給という問題が関心の焦点となっており、その遂行にとってより重要な能力・資質をもったものにより多くの報酬を与え、その結果としてそれぞれの社会の階層構造が出現することになっていた[2]。

　このように、階級論、階層論の主要な伝統では、概念こそ用いられてはいなかったものの、集合財供給とその担い手としての階層という問題意識が明確なライトモチーフになっていた。オーソドックスな社会学をみても、このモチーフは、創始者であるA・コントがサン・シモンから受け継いだ問題意識――フランス革命後の社会的混乱状態を「再組織」する担い手を、知識人と産業人の提携関係に求めるという――にまで遡ることができる。この点では、É・デュルケームのアノミー論や中間集団論にも共通のモチーフが明確にみられることは指摘するまでもないだろう。つまり、①近代化にともなう社会構造の変化、②これに対応する意識・価値、行為の変化が生じ、さまざまな負の社会的問題が現れる。これにたいして、③集合的な営み・努力による対応、を構想しなくてはならなかったわけである。

　分業が進展するなかで、集団や組織は、プラス・マイナスを問わず、人間がばらばらの個人であるときにくらべて大きな力を発揮して、社会を突き動かし、また他方では問題を解決していく。階級論や広く初期の社会学が、このような力を

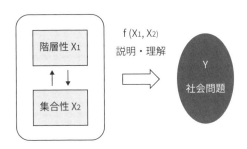

図1：社会問題の説明・理解と階層性・集合性

もつ集合現象の秘密を解き明かそうとし、そのさいに社会構造の要諦である階層的要因に注目したのは、きわめて自然なことであった。階層的地位をおなじくすることは、おなじ集合性への結集を容易にするし、また集合性が発揮する力は、アウトプットの配分や、社会関係の変更を介して階層構造に反作用する。社会問題の発生を説明し理解するという課題との関係でこれを関数になぞらえて表現すると図1のようになる。階級・階層への着目は、たしかに社会問題を解明するうえで重要な手がかりを提供するが、単独では不十分である。社会をゆるがす要因を解明するためにも、またこれに対処する方策を講ずるためにも、大きな力を発揮する集合性への着目が欠かせないわけである。

3　実証的階層研究における問題点と社会変動

　ところが、実証的・計量的な階層研究のその後の発展は、階層構造と集合性との関連を軸とする、社会学のこの核心的な伝統から乖離する方向に向かっていった。こうしたことが生じた理由は、大きく二つ考えられる。ひとつは、計量的な手法が、主として個人の階層的地位や意識・行動を調べる個票データを用いて、階層研究を地位達成や階層移動の研究に向かわせていったためである。個人を単位としたデータでも、集団所属や集合行為への参加をある程度検討することは可能である。しかし、無作為に抽出された個人を対象として、定点観測的におこなわれる階層調査の一般的な手法では、特定のイシューに関して社会的緊張やニーズが発生し、集団形成をうながしたり集合行為を引き起こしたりするプロセスをたどることはむずかしい。長いタイムスパンのなかで継起し、空間的に限定されたかたちを取りがちな社会問題の研究は、計量的な階層調査の手法とあまり相性がよくなかったと言えよう。どうしても、階層帰属、政党支持や社会活動への参加数などのように、一般化され表面的な項目の集計と分析に向かいがちになる。
　第二の理由は、社会環境自体の変化によるものである。20世紀後半、多くの先進社会は「豊かな社会」と言われる段階を迎え、階層構成は中流化し、人びとは「私化」された生活様式を送るようになり、「脱物質的」な価値志向を示すようになった。パブリックな争点から、プライベートな生活の質へと、人びとの関心は移動していった。T・N・クラーク、M・S・リプセットらが指摘していたように、これは集団・組織の凝集性の低下と関連していた（Clark & Lipset 1991）。この時期以降、多くの先進社会では中流化が進行するとともに、階級的基盤をもつ大組織のパフォーマンスが飽和状態に達し、規模拡大のうごきは反転しはじめたのである。こうした変化のために、階級的組織の力が社会をじっさい

に動かす度合いは減少し、人びとはまたそうしたリアリティを感じなくなっていった。社会学のディシプリンにおける集団論の停滞と、ミクロ社会学的な関心のつよまりも、こうした社会環境の変化に対応するものであった。

　このような社会環境の変化と、これを受けた社会学的関心の変化、計量研究の方法論的スタンスは、階層研究と集合性との関連にかんする探求へのスタンスを質的に変えていった。大組織の求心力が弱まり、図1の左側、説明変数サイドでは、集合性の力点がネットワーク的志向をもつものに変化し、階層性から相対的に切り離された。右側の被説明変数からも、多くの社会問題が視野からはずれ、個人の地位達成と、その集計値や指標がもたらす格差や階層移動レジームのような問題が前面に出ることになった。測定や分析の手法が洗練されて標準化し、調査データ間の比較の可能性が増す一方で、社会学の活力を支えていたその伝統のもっとも重要な問題連関は、階層研究から抜け落ちていった[3]。このことはまた、階層研究が、社会学の —— 集合性の問題を志向する —— 他の諸分野とのつながりを相対的に失うこと、べつの言い方をすれば、それらから見てよそよそしくて「使いづらい」ものになっていくことを意味していた。

　このような変質は、M・オルソンの集合行為論にたいする社会学者たちのスタンスにも現れていた。オルソンの集合行為論（Olson 1965）は、近代経済学の発想をベースとした、合理的で個人主義的な枠組から大規模集団におけるフリーライダーの発生を導きだした。その主張は、とりわけ規模がおおきい潜在的集団である「階級」によく当てはまり、階級的地位の共有が集合性へとむすびつく可能性をほとんど全否定する議論になっている。この議論が、さきに述べた社会学の中心的伝統に挑戦し、これを否定する主張であったことは言うまでもない。社会学者たちとしては、社会学独自の資産を活用してこの挑戦に反批判を加え、自分たちの伝統を守ると同時に新しい集団形成の理論を構築するべきであった。またこのような資産として、社会学には、ウェーバー、デュルケーム、ジンメルらの古典的伝統、マルクス派の物象化論だけでなく、マートンによる準拠集団論、相対的剥奪論とマタイ効果の議論、レンスキーの地位の非一貫性論、ベッテルハイムらの偏見・移動研究など、多様な手段を武器庫にそろえていた。ところが現時点からみると驚くべきことに、これらはほとんど活用されることはなかった。階級論者は集合行為論の挑戦を真剣に受け止めなかったし、階層研究は、階級投票の低下や、政治的無関心、私生活主義のひろがりなどを明らかにし、オルソンの主張を間接的に追認する実証研究をおこなったが、階級論の失効を主張する以外、集合性の問題に関しては積極的な理論を残さなかった。

4 新たな集合性と階層性

　このような趨勢は、社会環境の構造的変化を背景としていた以上、ある意味で避けられないものであったと言えるかもしれない。しかし、大組織や伝統的共同体を志向する集合性のありかたが変化したとはいえ、集合性そのものが意義を消失したわけではむろんない。階級政党や労組、国家に代わるものとして、20世紀後半には、エスニック・マイノリティや女性、学生、主婦などを担い手とする、公民権運動や反戦平和運動、公害反対闘争、フェミニズム、ヒッピー現象など、新たな集合性の高まりがみられた。これらにあっては、ハイラーキー的な大組織への結集ではなく、フレキシブルで開放的な結社団体やそのネットワーク的結合という集合性が目立った特徴になっていた。社会を突き動かし変化させる集合性のベクトルが明らかに変化したわけである。

　こうした集合性の変化を考慮に入れたとき、階層論がたどるべき発展のひとつの方向として、広いエリアから抽出された個人データやその集計量に依拠し、一般化を志向する計量研究だけでなく、新たな局面に入った集合性と階層性の関係を検討するという選択肢がありえたはずである [4]。集合性がそのかたちを変えただけでなく、集合行為のアクターも、伝統的な「階級」に包摂されない多様なマイノリティに変わってしまったのだから、この研究課題を追求することは旧来の発想では解けず、大変な作業になったはずである。しかし、社会を動かし、社会問題を解決する原動力は、集合性の成立をめぐる力学だ、という社会学の発想の根本からすると、この選択肢はやはりどうしても取り組まれる必要があったのではないだろうか。もちろん、P・M・ブラウや、F・パーキン、M・ヘクター、J・コールマンのように、階層論をこうした方向に発展させようと努力した社会学者がいたこともたしかである。しかし、方法論的個人主義と個人レベルのデータに依拠する計量研究は、ネットワーク的な集合性をとらえるのにやはり適しておらず、全体として、実証的な階層研究は集合性の形成と切り離される方向で発展していくことになった。

　階層構造と新しい集合性の関係をとらえることにもっとも成功しているのは、新しい集合行為の実証研究に取り組んできた、社会運動論、差別・障害者研究、エスニシティ研究、環境社会学、地域社会学、NPO/NGO研究などの諸分野であろう。これらの分野では、さまざまな属性にもとづく差別やアイデンティティの問題、環境や社会のセーフティネットなどに代表される集合財（公共財）の破壊による被害、地域開発が引きおこす利害対立など、集合財からの分け前の不平等

性という点に焦点を当てており、またそこから発生してくる集合的アクターの可能性や行為能力に注意を向けている。この点で、生産手段の所有にもとづく搾取という、階級対立の発生にフォーカスしていた古典的な階級論や、多元的な階層的次元に目を向けてはいるものの、個人的な階層的地位にしか目を向けていない階層研究とは、大きくスタンスを異にしている。なかでも、社会運動論は、集合行動の研究、「新しい社会運動」論、資源動員論、政治過程論、フレーム分析など、多様な潮流が競い合いながら研究を展開しており、理論的彫琢の度合いではもっとも進んでいると言えるだろう。運動論は、さまざまな社会問題をめぐって社会にはたらきかける集合的アクターの発生や行為、その成果を問題にする。空間的な限定と広がりをもち、固有のサイクルを示す集合体の成立を問う研究課題は、階層性と集合性の関係を問う社会学の伝統を新しいかたちで問い直すものであるが、すでにみたように、これは無作為抽出によって得られた個人的地位達成データの集計量を扱うアプローチとは相性がよくない。実証的な知見はすでに多数蓄積されているが、今後は、理論枠組のいっそうの発展、統合と、独自の計量的手法の開発が期待される。

　社会運動論による集合的アクターの発生の説明の図式をみると、社会構造structureの変動から社会意識consciousnessの変化を説明し、そこから社会的行為actionと、それらが織り成していく関係を説明するという、S-C-A図式と呼ばれている図式と重なる部分が多いことに気づかされる。D・マカダムが「古典的モデル」と呼んだいくつかの運動の発生図式は明らかにこの図式と重なっている（McAdam 1982: 6-11）。資源動員論や政治過程論は古典的モデルが、集合行動を、社会構造の変化に対する非合理的な行為としてとらえていたことを批判し、合理的な機会の開放と目標達成への資源動員にもとづくものとして集合行為を説明しようとした。しかし、合理性の強調は、個人が運動に参加していく際に必要な意識やアイデンティティの変化を軽視することにつながり、この課題は、集合的アイデンティティ論やフレーム理論がひきつぐかたちになっている。トータルでみれば、運動論の図式の発展は、S-C-A（構造－意識－行為）図式の枠内でこれを改良し精緻化するかたちになっている。

　とはいえ、理論的な面にかぎっても、運動論の図式はなお不完全なものであり、階層構造の変化とあたらしい集合性との関係を十分とらえているとはいえない。フレーム理論は、構築論的、観念論的な枠組に準拠しているため、物質的諸条件や利害との関係で集合的アイデンティティや運動のフレームをとらえることはできていない。資源動員論、政治過程論の図式は、物質的諸条件と集合的行為を媒介する、アクターの意識・価値の変性の問題を適切に処理できていない。けっ

きょくのところ、階層構造に準拠したあるべきS-C-A図式という観点からみると不完全な状態にとどまっているのである。

新たな集合性をとらえる計量的アプローチとしては、ソシオメトリーの伝統をうけつぐかたちで、ネットワーク分析の手法が60年代末ごろから発達している。その発想はアクター間の「紐帯」の次数を基礎とした指数を用いてネットワークやその内部に位置するアクターの特性を把握しようとするもので、ネットワークの範囲や強弱を実証するだけでなく、社会関係資本の計測に適していた。社会運動団体の活動をこれらの指標や他の属性（団体メンバーの数や公的補助の受給の有無など）から説明する試みもあらわれてきている（Diani 2003）。しかし、その方法じたいは、アクターが取り結ぶ紐帯の数をカウントして指標化するところで成り立つ分析手法であり、比較的少数の調査対象でしかデータをとれないため、階層研究とのつながりを直接つけにくい分析手法になっている。最大の欠陥は、人間関係だけを抽象的に取り出して指標化するため、各種資源の所有・占有がアクターの行為能力を左右し、利害対立をもたらす効果——これはマルクスが着眼した階級論の基本的構図である——を、適切にカウントすることが困難な点だろう。調査可能なサンプルが少ないこと、欠損値の影響が大きいことを考え合わせると、個人レベルのデータにもとづく階層研究とつなげることはかなり難しいといえよう。これより見込みがありそうなのは、運動への参加者を調査対象にとり、階層的地位の諸変数を用いて特定のふるまいや属性を説明するタイプの研究であろう。ただし、学歴や職業威信、社会関係資本など、通常用いられる一般的な階層的変数が、大きな説明力を発揮する例はあまりないようである。

5 社会学の四つの伝統

それでは、階層性と集合性の新しいむすびつきはどのようにすればとらえることができるのだろうか？　迂遠なようだが、これは社会学の理論的伝統に立ち返り、これをバージョン・アップして革新していくしか方法がないように思われる。社会運動論が直面するアポリアにも、マルクス＝ウェーバー問題や、デュルケームが問題としていたアノミー、集合意識、集団の分類＝カテゴリーの問題がそのまま引き継がれていることがみてとれるだろう。これらの問題は「古臭い」問題なのだが、けっして解決済のものではなく、忘却されてもその都度かたちを変えて再現してくる社会学上の超難問なのである。

論点を整理するために、社会学の伝統的潮流を、方法論的個人主義—方法論的集合主義と、価値・感情—合理的利害のどちらを重視して（あるいは強調して）

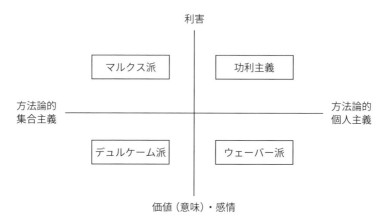

図 2：社会学の伝統的潮流と二つの対立軸

社会現象を説明・理解しようとしているか、図示してみよう（図2）。階層構造と集合性の関係を問題にすることは、おそらくどのスタンスからも可能であろう。オルソンの集合行為論は、右上の象限から階級的な集合行為の関係を、ネガティブに論証したものといえるだろう。だが、集合行為の発生は、他の三つの象限のスタンスからもアプローチすることができる。周知のように、ウェーバーは宗教的価値や熱情が、プロテスタンティズムのゼクテ形成と合理的な経済活動を生み出したことに着目した。デュルケームの社会学は集合的感情と集団的連帯のむすびつきを一方の核心としているし、マルクス主義者は、階級的利害の共有が階級的組織形成をもたらすと考えていた。かつて有力だったマルクス派のアプローチは使い古されて硬直し、近年の社会学では個人の合理的選択や社会的ジレンマ、地位達成を重視してきたが、図下側に位置する二つの象限は階層性と集合性の関係を問う上でまだ大きな可能性を秘めている。もちろん、どのアプローチでもおそらく単独では不十分である、ということもおそらくたしかである。功利主義的伝統に属し、もっとも明快なオルソンの説明の妥当性も、後段で見るように、集合的アイデンティティや利他性の問題、集合財としての社会的評価といった論点を捨象したところで成り立つもので、それらを考慮に入れた途端に崩れてしまうものである [5]。

　したがって、ふたつの軸を構成する両極を結び合わせるような論理が必要になる。このような論理として、構造―機能主義や社会システム論の議論がすでにあると考えることもできる。しかし、個人や集団、社会をおなじ環境の複雑性を縮減する構造あるいはシステムの論理で構成するという考え方は、よくできた物語

ではあるが、社会関係がダブル・コンティンジェンシーの問題や集合財供給のジレンマをつねに抱え込んでいるという事情によってあまり意味がないものになってしまう。利害や価値観のちがう個人が構成することに由来する対立と齟齬をふくむ「複雑系」である集団や社会を、安定した性能を発揮する「構造」や「システム」として概念的にとらえること自体に無理がある。個人の意識や行為能力にたいしてだけ可能になる概念的統一性を、マクロな社会関係にあらかじめ負わせることはできない。これに代わり、以下では、図2のふたつの軸の極の核心にある、「価値評価」と「集団カテゴリー」の問題について、順に検討してみよう。

6　価値評価と社会的評価

「価値評価」や「価値」は、一見したところでは「利害」との違いが分かりにくいが、それと準位を異にする重要な概念である。ウェーバーの方法論を参考にすると、「対象となるものごとに肯定的あるいは否定的に態度決定する判断」が価値評価で、判断の対象内容を「価値」と考えておくことができるだろう（丹辺 2006: 147）。「利害関係」という言葉が、複数アクター間の客観的な関係があることを想起させるのと異なり、価値評価は主観的な意識の作用である。「あなたは金銭的利害と友情のどちらを選ぶのか」という問いが成り立つように、それは利害を相対化・対象化することも可能にする包括的な概念である。価値評価が社会学にとって重要であるのは、行為上の選択をただ左右するだけでなく、人間が社会関係のなかで「他者」のふるまいや外面を評価しながら行為するためである。相手をどう評価するかで、あるいは相手にどのように評価されたいかで、人間のふるまいは大きく変わってくる。また、同じ評価を受ける可能性がある者は、互いにも好意的な評価を向けやすいため相互作用が強まる可能性が高い。ウェーバーが、「地位」を、重要な階層的概念として「階級」とは別に設定したのは、このような事情をふまえていたからである。同類のアクターたちに向けられる評価が社会のなかで安定して結晶化すると「地位」になる。また彼らは、おなじカテゴリーに包摂しやすく、共属感情をもちやすく、相互作用が活発になるため、集団化しやすい。さらにそれぞれの地位には物質的な権利と義務が伴いやすく、閉鎖や独占に向かうケースも多い。ウェーバー的な階層論の視点では、「地位」は「階級」より集合性につながりやすいので、この点からも重要な概念である。日本ではStandを「身分」と訳すこともあるが、この言葉は身分社会の地位を想い起こさせてしまう。しかし、エスニック・マイノリティや女性、障害者の「地位」が重要な問題とされることからも分かるように、じつは「地位」は現代

社会でもきわめて重要な意義をもっており、集合的な動員や闘争を呼び起こすポテンシャルが高い。普遍性の高い方に目をやれば、「市民権」も「地位」であり、T・H・マーシャルらが指摘した三種類の ── 市民的・政治的・社会的な ── 権利とむすびついている（Marshall & Bottomore 1987=1993）。投票権や土地所有のような権利行使をどの範囲まで認めるのか、という問題も本来は「地位」の問題なのである。災害の被災者、公害病患者にどのような給付を与えて補償すべきか、という問題もそうである。「地位」の区分はケースによっては階級の区分と重なることもあるが、本来これとまったく準位を異にする問題なのである。

　「地位」のこの重要性を無視するか、階級関係に無理に重ねてしまうのが、マルクス派の発想である。マルクスの労働価値説は、資本側でなく労働の側、それも肉体労働だけに価値創出機能を認め、商品の生産に投下されたその時間量でその価値と価格が決定されるという発想に基づいている。労働者の賃金の価値を生産するのに要する「必要労働」を越える部分が「剰余価値」であり、利潤として資本家に搾取されていて不当だとする考えかたの根底に、労働者階級に対する共感とヒューマニズム、価値評価が存在していたことをみてとることは難しくない。資本側が財の生産のために持ち込む各種の財や資金、アイデア、努力の価値はカウントされない。［（商品の）価値＝（その生産に要した）労働時間］という等式は実際には価値評価にもとづく象徴的図式にすぎないが、この等式を用いて築かれたのがマルクスの経済学の体系であった。市場で取引する当事者たちがじっさいにこのような発想にもとづいて交換しているなら、この理論は価格決定の理論として妥当しただろうが、そうではなかったため、この理論は現実を説明する理論ではなく、価値評価にもとづく「思想」、あるいはよくて規範理論にとどまったのである。価格を成り立たせる多くの変数を価値評価により選択し、無理矢理一つにしようとしたのであるから、その議論は価格を説明するのではなく、成立している価格を前提として労働時間を割り付けるようなものにならざるをえない。労働資本論の第三巻として知られる必死の努力が実を結ばなかったのは当然のことであった。

　「階級」は物質的財（マルクスの場合は生産手段）の所有の格差による利害関係であり、価格は冷たい市場メカニズムにより決定されるにもかかわらず、マルクスの労働価値説は労働者とその活動に対する圧倒的な社会的評価を ── 近代経済学の立場からすれば、あるいはオーソドックスな社会学の立場からすれば「不当に」── そこに読み込んで成り立っていたことを確認しておきたい[6]。

7 集合表象とカテゴリー

　デュルケームの社会学のもっとも重要な論点は、本来「関係」にすぎない集団が、実体化されて、個人を拘束するようになるメカニズムをとらえようとしたことにある。別の言いかたをすると、連帯感情が強まり、個人は集合的秩序に貢献することを強いられる（あるいは逸脱を抑止される）事態である。集合表象の成立は、社会を分類する枠組となるだけでなく、しばしば社会秩序を生み出したり、集団の凝集性を生み出す磁場となるわけである。

　後期デュルケームの社会学的分類論や宗教社会学が問題としていたように、社会的分類は象徴的に構成されることが多い。集団はきわめて複雑な関係と力をはらんでいて、個人の認識能力ではとらえることはできない。一個人の行動ですら理解することが難しいのだから、個人間の関係の無数の組み合わせを内包する集団の力学が複雑きわまりないのは当然のことである。このため、外集団との境界を設定して集団を表象するには、トーテム集団が動物や植物を用いたように、知覚可能な、つまり生活世界で慣れ親しんだ具体的な事物になぞらえる必要がある。一番単純な形式を示すと、集団X_1=具体物N_1、集団X_2=具体物N_2、集団X_3=具体物N_3……という等式のかたちをとることになる。ここでは、本来は質を異にし等置できないものが等置されていることが注目される。それは本来不安定であるが、分類と秩序が成立するためになしにはすまない等式である。このようにして集団が設定されることで、集団としての凝集性が高まると同時に、婚姻や相続、経済的交換、戦闘への動員や賦課などが集団内、集団間でおこなわれるようになる。国旗、国歌や制服、肌の色や「ブルーカラー」、目につきやすい障害、運動会における紅白の帽子、などの例をみれば分かるように、シンボル的に構成される集団カテゴリーは、現代社会でも集団の求心力にとって重要な意義をもつことは、「地位」の場合と同様である。

　デュルケーム派に限られないが、オルポートに代表される偏見研究や、H・タジフェルの社会的カテゴリーに関する実験、J・C・ターナーの自己カテゴリー化論、地位の非一貫性論、レイベリング理論、けがれをめぐるM・ダグラスの議論などが暗に示してきたのは、集団カテゴリーが外面的な階層的諸属性・諸財をつなぎ合わせるシンボル的な構成をもち、その組み合わせが、しばしば集団の形成や外集団との疎隔・敵対を促す場合があるということであった。ここに、集団を個人と接続し、利害と感情（意味）を架橋する社会学的発想のもっとも重要な水脈がある。

8　集団カテゴリーと社会的評価

　社会的評価、集団カテゴリーを重視するこれら2つのアプローチは、社会学の歴史のなかでは別々の潮流 —— 方法論的個人主義と方法論的集合主義という対立する潮流として —— を形成してきた。しかし、両者のあいだには潜在的な接点ないし重なりが存在していて、その限りでは接続することができる。ウェーバー流のアプローチと、デュルケーム流のそれが両立する結節点をさぐる試みであり、個人の合理的利害を重視するアプローチの対極に位置するアプローチである。

　集団カテゴリーの形式を用いてこのことを示してみよう。先にみたように、もっとも単純な集団カテゴリーの形式は等式［集団X_1＝具体物N_1］によってあらわされるが、この等式の右辺には、知覚可能な諸項目に分解されて連結され延長されうる。たとえば、G・オルポートやH・ベッカーが問題としたように、黒い肌や、視覚障害、麻薬常習者であるという「主位的属性」は、他の好ましくない性癖や行動とむすびついてしまう。『偏見の心理』には印象的な一節がある。

> 　とくに、それがある顕著な可視的特色、たとえば黒人とか東洋人などに関係しているばあいはなおさらである。このようなシンボルを「一次的な効能をもつレッテル」と呼ぼう。これらのレッテルは甲高いサイレンのように作用し、もっとほかに知覚することのできる、より申し分のない識別作用に耳を傾けさせないようにする。……一度、一次的効能をもつシンボルの影響を受けて形成されたカテゴリーは、そのカテゴリーのもつべき属性以上の属性をもひきつける傾向がある。……これらあらゆる「相貌的」なハンディキャップのなかで、肌の色に関するものがシンボルを意味する上で最大のものである（Allport 1954=1968: 157)

　オルポートはこのようにして連結される副次的な属性として、黒人の場合に、情動的不安定、口やかましい、騒々しい、狂信性、賭け事好き、服装が下品で派手、暴力沙汰、高い出産率、職がよく変わる、といった多くの項目を挙げている。言ってみれば、ここでは集団カテゴリーの形式は、集団X_1＝肌の色N_1＝情動E_1＝宗教性S_1＝性癖B_1＝……というように延長されている。そしてこのような等式が、東洋人、白人と対比されるかたちで形成され、人種的偏見を支えるとされたわけである。ところで、事実がカテゴリーと異なれば、通常はカテゴリーの方が修正されるのだが、偏見がかった心性の持ち主は、カテゴリーを維持

して事実を否認してしまう（Allport 1954=1968: 154）。よく知られた議論であるが、問題は、なぜこのようなことが起きるかということである。カテゴリーの構成が意識の主観的作用によるなら、事実に合わないなら、簡単に修正できそうなものである。なぜそれができなくなるのだろうか？

　じつはこの謎を解くカギを提供するのが、「社会的評価」というウェーバー派の発想である。黒人に対する偏見の事例で、情動的不安定、口やかましい、騒々しい、狂信性、賭け事好き、服装が下品で派手、……といった諸項目は、すべてマイナスの評価を受ける目につきやすい項目であり、その点で等価であり一致している。こうした諸項目の結びつきは評価の上で齟齬がないため互いが互いを支え合うかたちで安定してしまうのである。このために、その強固なイメージと矛盾する事実は受け付けられなくなり、視野に入らなくなる。それは、現実には複雑な社会関係を単純化する一つのやりかたである。このように、一個人の意識のなかでも偏見がかったカテゴリーは維持されやすいが、評価基準をおなじくする複数の人間が類似した生活環境のなかで間主観的に支え合うと、そのリアリティと結びつきはいっそう強固なものになってしまうだろう。

　このように集団カテゴリーが形成されると、内集団成員との相互作用は促進される。これはすでにみたように、評価項目を共有するアクターどうしは、他の成員への高い評価と、自尊心が矛盾しなくなるためである。おなじカテゴリーで他と区別されて括られ、相互作用も活発な成員どうしは、同じ集団への帰属意識を形成しやすくなるだろう。問題は、集合行為、すなわち集合財供給がおこなわれるところまでいくか、おこなわれるとすればどのような条件でか、という点である。以下ではこの点について考えてみよう。

　いま、集団の成員であれば、無条件に、あるいは権利として集団からある機会や報酬が与えられる状況を想定してみよう。集団カテゴリーの形式は［集団X_1＝属性N_1＝報酬R_1］①とあらわされるだろう。このときには、集団になにも貢献しなくても報酬が得られるのだから、集合財は供給されず「ただのり」が促進されてしまうだろう。これこそ、オルソンが『集合行為論』（1965）で想定していた条件である。集団への貢献がないにもかかわらず、成員に報酬を与え続けていれば、この集団は集合財の過少供給に陥ってしまうだろう。

　そこで次に、集団への貢献の見返りに、機会や報酬が与えられる条件を考えてみよう。そうすると、集団カテゴリーは［集団X_1＝属性N_1＝貢献C_1＝報酬R_1］②という編成をとり、義務をふくんだ規範的なものになる。こうなるとフリーライドは抑止される。実際には個々の成員の貢献を確定することは難しいことが多いから、監視や査定のコスト（「取引コスト」の一部に相当）が必要になり、すべ

ての行為を規制することはできない。それでも、職場集団や地域社会、親族組織などをみても分かるように、集団の成員は相互作用のなかで、お互いに他の成員の行動を自然に「目にしている」ため、規制がある程度有効にはたらく。オルソンが想定していた大規模集団が、義務や相互作用を一切前提としていなかったことを想い起こしておきたい。ただ、ここでも、個々人から忌避されがちな、義務としての貢献が集団カテゴリーに首尾よく組み込まれる保証はないだろう。集団への献身を促す規範それじたいが集合財であり、自然発生的に備わるとはかぎらない。

そこで、社会的評価によって支えられた集団カテゴリーというこの考えかたを、功利主義的伝統と接続しながら検討してみよう。オルソンが大規模な潜在的集団で、集合財供給が過少になると考えたのは、集合行為をする際の得失について以下のような等式を立てたためである（Olson 1965: 33=1983: 22）。

$$F_i \times (dVg ／ dT) = dC ／ dT$$

（F_i：個人への集合財の分け前比率、Vg: 発生する集合財の価値、T：集合財の供給水準、C：コスト）

左辺は個人iが集合行為をするときに得られる利得であり、集団の規模が大きくなると付加された集合財の価値からの分け前もそれだけ小さくなってしまう。これに対して、集合行為のコスト（右辺）は確実にかかる。このため、その集合財をよほど高く評価している人以外は集合財の供給をストップしてしまうわけである。

オルソンは『集合行為論』で、威信、尊敬、友情などの「社会的誘因social incentive」の問題にも目配りしていた。彼はそれらを「個別的・非集合的な財」のひとつと考え、自身の分析に変更を迫るものとはみていない。わざわざ別に取り上げて論じているにもかかわらず、けっきょく経済的利益とおなじ枠組みで処理できると考えたのである [7]。集合行為論のこの枠組みに対して、社会学の側からもさまざまな反論が試みられたが、集合財供給自体が報酬と感じられるならば抑制は生じないとする批判をみても分かるように、ほとんどの場合、それは個人主義的で合理的な利害を前提とした消極的な反論であった。

オルソンの主張の本当の死角で、社会学者が批判しなくてはならなかった論点はどこにあるのだろうか？　私見では、さきにみた「社会的評価に支えられて結晶化した集団カテゴリー」に着目することこそが、この論点への鍵を提供すると思われる [8]。オルソンはたしかに私的な財としての社会的評価は取り扱ってい

るが、『集合行為論』としては皮肉なことに、「集合財」としての社会的評価はなにも考慮していない。個人の社会的評価を構成するのは、個人の精神的能力、肉体的能力、容姿といったものの他に、その個人がメンバーとなっている集団や組織、職階の一員としての評価がある。医師や銀行員、有名企業の社員である個人は、私的な評価とともに、組織の一員として高い社会的評価を受け、それに付随するさまざまなチャンスや利益を得られる。これは、所属組織そのものが受ける高い社会的評価という集合財からの「分け前」と考えることができる。

　このことを考慮に入れると、集合行為をおこなう先の条件は変わってしまうだろう。第一に、集団・組織全体の社会的評価を高めることに貢献（これには直接貢献する場合と、間接的に貢献する場合がある）するものは、自分の分け前だけでなく他成員の分け前の価値を高めることになる。反対にそれを損なう者は、他成員の分け前の価値も損なうだろう。あるメンバーの不祥事やスキャンダルが組織の他のメンバーに及ぼす効果を考えてみてほしい。第二に、プラスの分け前を受ける他の成員は、貢献した成員に好意的な評価を表すようおのずと動機づけられるだろう。内心ではやっかんでいるかもしれないが、日常的な付き合いのなかで行われる「評価」自体にコストはかからないし、周囲からの視線があるため、表向きはそうせざるをえないだろう（同調圧力）。したがって功労者は集団内外からの社会的評価の高まりを期待・実感できるし、そのような評価の上昇は集団内外での「地位」を上昇させるだろう。第三に、社会的評価が高まることには物質的報酬がともないがちで、功労者にはそれに見合う金銭的報酬や昇進、権力が与えられるだろう。これらは集合財を供給することに対する「選択的誘因」として働くことになり、利害にカウントできるものだけを取っても、オルソンの条件式の左辺に選択的誘因 r_i を付け加えるから、集合財供給をうながすだろう。その際、フロントランナーほど高い評価が得られ、ここから得られる利益も大きくなるだろう[9]。たとえばNPO活動で際立った役割をはたした個人が、その組織で役職を得るのはもちろん、その後大学や行政機関でポストを得ることがあることからも分かるように、広く市民社会を対象とした活動でもこうした力学は有効にはたらく。集団全体の評価を貶める、スキャンダル、犯罪といったネガティブな行為も、他成員の社会的評価を損ない、周囲からのサンクションが発動することで抑止されるので同じように考えることができるだろう。これはよく知られた、デュルケームが集団からの「拘束」と呼んでいた現象であるが、オルソンの条件式が見落としている社会的力学なのである。功労に対して与えられる報酬の見積りがある程度結晶したものが、先のカテゴリー式② ［集団 X_1 ＝属性 N_1 ＝貢献 C_1 ＝報酬 R_1］ の特殊ケース ［集団 X_1 の功労者＝属性 N_1 ＝貢献 C_1 ＋ c_1 ＝報酬 R_1

＋r₁］として成員たちに受容されていると考えることができよう。このような報酬がじっさいに望ましいだけ貢献＝集合財供給を引き起こすことができるかどうかは、ここに示された$C_1＋c_1$、$R_1＋r_1$の価値が、個々の成員の効用関数からしてインセンティブになるかどうかによるから、ケースバイケースということになるだろう。いずれにせよ、ここで注意しなくてはならないのは、集団カテゴリーを構成する貢献と報酬との関係を定めているのが、需給関係や権力作用だけでなく、「評価」的選択と、とくに成員としての適格性や相応しさに関わる「社会的評価」の作用・圧力なのだという点である [10]。この力は、純粋に市場的な関係から遠ざかるほど、また国家権力から遠ざかるほど —— すなわち市民社会の領域で —— 影響力が大きくなるだろう。

9　集団カテゴリーと社会運動における「集合的アイデンティティ」

　以上のような議論を踏まえると、社会運動論で「集合的アイデンティティ」概念がなぜ動員にとって重要な役割を果たすのかが、これまでとは別の角度から理解できるだろう。政治的機会構造論の代表的研究者であるマカダムは、初期の公民権運動で、南部の黒人たちが通う教会、大学、NAACPなど人権団体のような既存の組織が運動の母体となり、参加と動員のコストを軽減したことに注目している（McAdam 1982）。たとえば、教会に集まった会衆は、日曜の集会の後で公民権運動への参加を呼びかけられ、牧師の激励を受けた。このとき、集団カテゴリーは、以下のような形式へ変化していたと考えられる。

　　　　［集団X_1＝属性N_1＝貢献C_1（＋*公民権運動への参加c_1*）＝報酬R_1（＋*成員からの支持r_1*）］

　このような、既存の組織・集団をベースに組み替えられた集団カテゴリーを、フリードマン、マカダムらは集合的アイデンティティの第一段階としてとらえたのである（Friedman & McAdam 1992）。運動の第二段階では、社会運動体（SMO）は既存の組織・集団への依存から脱却しなくてはならない。集団カテゴリーは

　　　　［運動集団Y＝属性$N_1 \lor N_2 \cdots$＝*公民権運動への参加C＝発生した集合財からの分け前Vg＋周囲・社会からの評価R*］

といったかたちをとり、参加者の範囲を拡大する（N₁ ∨ N₂）とともに参加者への選択的誘因を自前で与えられるようにならなくてはならない。参加の要求水準が高くなれば参加者の範囲は限られるし、低すぎればフリーライダーが増え積極的参加が阻害されるだろう。

> ……運動社会団体はその集合的アイデンティティが行動への具体的意味合いを埋め込むかを決めなくてはならない。反核運動のメンバーであることは、デモに参加し軍事基地での非合法的活動に参加することを意味するのか、それともたんに嘆願書に署名し政策決定者に手紙を送ることを意味するのだろうか？……このように、社会運動団体は、提示する集合的アイデンティティの性質に関して板挟みに陥るのである。……社会運動体団体が存続するチャンスは、グループのイメージをコントロールするそうした競争の結果しだいなのである（Friedman & McAdam 1992: 165-166）

フリードマン、マカダムらはここで、運動団体のイメージについて触れながら、集合的アイデンティティをコントロールする競合相手として、敵対者、ライバルの運動団体、行政、メディアなどを挙げている。新しく生まれた運動体の評価はまだ定まっておらず、不安定な状態であるから、集団カテゴリーもまだ安定していないのも当然であろう[11]。にもかかわらず、「集合的アイデンティティ」の構成と現実との関係は死活的に重要な意味をもってしまう。

10　集団カテゴリーと階層格差

ここまでの議論は階層性の問題から離れてしまっているようにみえるがそうではない。さきに見た〔集団X₁＝属性N₁＝貢献C₁＝報酬R₁〕という形式は全成員に適用される共通かつ最低限の要件にすぎないと考えることができる。前節でもみたように、貢献度の大きい、あるいは特殊な能力をもつメンバーには報酬も多く与えられることが多くなる。これが固定されると役割や分業が発生し、他方では階層格差が発生することになる。こうなると、同じ集団内で下のようなサブカテゴリーが成立することになるだろう。

〔集団X₁ ∧ x₁＝属性N₁＝貢献C₁ ∧ c₁＝報酬R₁ ∧ r₁〕
〔集団X₁ ∧ x₂＝属性N₁＝貢献C₁ ∧ c₂＝報酬R₁ ∧ r₂〕

$$[集団 X_1 \wedge x_3 = 属性 N_1 = 貢献 C_1 \wedge c_3 = 報酬 R_1 \wedge r_3]$$

…

$$(ただし c_1 > c_2 > c_3 \cdots / r_1 > r_2 > r_3 \cdots)$$

　このように、同一集団あるいは社会に、分業と階層性が存在し、その格差が広がることは、集合行為にどのような影響をもたらすだろうか。これをC・ティリーが示した集合行為の利得曲線の有名な分析を参照しながらみてみよう。

　図3は集合行為をしたときに個人がそこから得る利得を縦軸に、用いる資源の量を横軸にとってその関係を示したものである。何もしないときに価値剥奪の状態に置かれた個人は、集合財供給をおこなうと敵対者や権力からの脅威・抑圧に直面するが、そこを乗り越えると得られる利得が急速に増し、z_1 の時点で利得がプラスになる。さらに続けるとその効果は逓減し、z_4 に至ると利得はなくなる（曲線A）。もしこれにしたがい、集団のメンバーが貢献に対する報酬（集合財からの分け前）を平等に得られるならば、z_1 から z_4 の間ですべてのメンバーが利益を得られるから、公共的空間——潜在的な——は広く設定されていることになる。フリーライドの問題は避けられないだろうが、さきにみたように、集合的アイデンティティが適切に設定され、集合財としての社会的評価の誘因が働けば、より熱意のあるメンバーから集合財供給が開始されるため [12]、乗り越えは不可能ではない。しかしここで格差がつけられ、一部の成員に対する報酬が減らされたとしよう（曲線 A_1）。このとき、すべてのメンバーにとって利益がある範囲は z_2 から z_3 に狭まってしまうだろう。さらに格差が拡大して、破線による曲線 A_2、A_3 のように利得曲線が分岐すると、両者がともに集合行為から利益を得られる範囲はなくなるだろう。A_3 の側にいるメンバーたちの集合行為は、恵まれた自分たちの利益だけを増加させる、あるいは守るものへと意味合いが変化してしまうだろう。反対に A_2 の側にいる人たちは、格差を縮小させることに意義を見出し [13]、集合財の価値基準をリセットするだろう [14]。じつは、マルクスの労働価値説にもとづく階級論も、［労働者階級＝生産的労働＝全付加価値＞賃金］／［資本家階級＝非労働＜剰余価値］のように理論的なカテゴリーを組み替えた——それ自体が労働者サイドの価値観の広がりをベースにしていた——ことによって、労働者側の動員を引き出すことに成功した試みと考えることができる。このように、集合財をめぐる報酬とコストの格差拡大は、集合行為をメンバーたちが一致しておこなう範囲と可能性を狭め、あるいは消失させる効果をおよぼすのである。

　以上のようにみてくると、集合財（公共財）への貢献と報酬をメンバー間でな

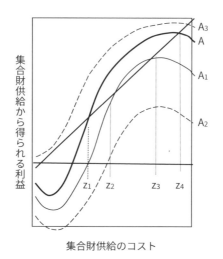

縦軸: 集合財供給から得られる利益

横軸: 集合財供給のコスト

Z_1　Z_2　Z_3　Z_4

A_3
A
A_1
A_2

図3：集合行為による利害と格差

るべく平等に保ちながら集団カテゴリーと集団のアイデンティティが構成され、資源の実際のうごきを規制することが、集団ないし社会全体の公共性を保つために必要であること —— これはありきたりの結論かもしれないが —— が改めて分かるだろう。

　地位的な集団カテゴリーの有用性は、このように階級格差と集合行為との一般的な関係を明らかにすることにとどまらない。見てきたように、それは一面では差別や偏見のメカニズムをとらえさせ、他方では社会運動の動員メカニズムをとらえることも可能にする両義性にある。さらに言えば、さまざまな項との連結・等置を取り込むことができるため、社会的条件に応じて無限のバリエーションに対応できる柔軟性にある。それは、移民のエスニシティのような属性をめぐる差別や集合性についても、また公害被害や被災経験についても、一方でアイデンティティをめぐる問題と、他方では客観的な格差と関連させながら批判的に検討することを可能にするだろう。

11　価値変化の一般的趨勢

　本論では、集団的カテゴリーと社会的評価の重要性について着目しながら集合性と階層性の関係についてみてきた。このような議論に対しては、3節でもみたように、個人主義化が進む現在、妥当性が疑わしいという反論が向けられるかも

しれない。個人主義化、マス化が進むと、オルソンが前提した条件はむしろ当てはまりやすくなると考えられる。集合性を重視するアプローチはそもそも時代に合わなくなっているのではないだろうか？　これに対しては価値志向のトレンドに関連して三つのことを指摘しておきたい。

　第一は、脱物質的価値の高まりというR・イングレハートが指摘した趨勢の意味である。身体の安全、経済的豊かさが保証されるようになると、集団帰属や社会的評価、自己実現といった高次の欲求が重要になり、若い世代から価値の変化が生じるというのがその基本的内容である（Inglehart 1977）。個々人がたがいに異質かつ無関心になり、個人主義化が極端に進んだ状態を想定すると、欲求段階説に基づいたこの考え方からはどのような結論が導かれるだろうか？　他者からの評価・承認（社会的評価！）はかえって稀少かつ重要になる、というのがその答えになるだろう。アトム化した個々人が自尊心を満たすチャンスは当然少なくなるが、そのような社会環境のもとでこそ、「社会的評価」を得ることはいっそう重要な意味をもつようになるだろう。

　第二は、今日の社会では、選挙権や教育権、社会保障の受給権にとどまらず、市民権、生存権、人権に関連する普遍性の高い権利が、先進社会の成員に広く認められるようになり、それにともない与えられる利益のメニューもますます多様かつ実質的なものになっている。犯罪被害の補償、被災や公害に対する補償、日照権、個人情報保護のような事項を思い浮かべれば十分だろう。すでにみたように、このような権利は、個人が受けるべき社会的評価とそれに見合った便益の観念が広く社会で共有されて結晶化した「地位」にともなうものである。このような無数の便益が、［集団（市民社会）X＝属性N＝貢献C＝報酬R］という普遍的な集団カテゴリーのRを構成していることは容易に理解できるだろう。そこから排除された非市民、無資格者、未救済者たちの苦悩は相対的に大きくなる。またこうした市民権の尊重、人権感覚の高まりが背景にあってこそ、それに貢献するアクターへの選択的報酬が大きくなっていくわけである。個人主義化した社会にあってこそ、このような地位と権利の束が連帯と集合行為を起動する強力な磁場になるのだ。

　関連して第三に、新しい集合性であるネットワークへの志向性の問題がある。凝集性の高い組織・集団から個人が距離をとるときに、アトム化された利己的個人だけが現れるとは限らない。固定的な分業や帰属意識がなくとも、個人は自立しながらゆるやかなつながりに貢献し、その影響を受けメリットを享受することができる。NPO、市民団体、社会運動団体の例を挙げるまでもなく、現在の市民社会では、ネットワーク的集合性の果たす役割がますます大きくなっている。

伝統的集団の価値・規範に従うことで社会的評価が半ば自動的に得られた状況と異なり、現在の社会ではとくにネットワークがもたらす成果に貢献して評価を受けることは特別な能力を要し、また評価されるパフォーマンスになっている。社会学の第二世代がまだ注目していなかった、このネットワーク的集合性こそが、「ポスト近代」の社会学の最も重要なトピックなのである。

12 結び

　本論での検討はとりうる理論的アプローチのひとつにすぎないし、限界があり解決すべき課題もなお多い。しかし、複雑な階層構造が生み出すネットワーク的な集合行為のありようは[15]、古典的な階級論はもちろんのこと、今日の発達した実証的階層研究でもとらえることは非常にむずかしくなっている。にもかかわらず、集合性が発揮する力こそが、社会をうごかす力であり、同時に社会問題に対処する力であることに変わりはない。現在でもこの点にこそ、社会学の存在理由の核心がある。功利主義的手法の解法は、どうしても経済学的分析のダウングレード版のようなものになりがちだが、「価値評価」と「集団カテゴリー」を重視する方法的伝統は社会学のホームグラウンドにある。本論で検討したように、このような伝統を踏まえて功利主義的手法にアプローチする方が生産的だろう。本論では扱わなかったが、マルクス派の階級論には時代遅れとなった労働価値説を取り去っても有効な潜在的な長所があり、集合性にとっても独自の意義がある。別の機会に検討したい。

　よく言われるように、社会学は学問的アイデンティティという点では危機的な状況にある。社会学が今後もプレゼンスを保ち続けるためには、いたずらに時代の流行を後追いするのでなく、すぐれた理論と調査研究の遺産を活かしながら集合性の成り立ちを解明する固有の理論、実証研究の枠組を更新し続けていくことが必要だろう。それが、21世紀社会において主権者のための社会学を構築していく正攻法でもあるのではないか[16]。

【注】
[1] 訳は一部改変している。
[2] 「階層性が普遍的に存在するのは、社会構造のなかで、個人の位置を決め、動機づける機能的必然性があるためである。……あるポジションは特殊な才能や訓練を必要とするし、またあるものは他の地位より機能的により重要である。……社会は、まずなんらかの誘因となる報酬を用意しなくてはならない。つぎに、これらの報酬を、さまざまなポジションに差異をつけて配分しなくてはならない。報酬とその配分が社会的秩序の一部となり、階層化をひき

おこすのである。」（Davis & Moore 1945）

[3] たとえば日本における95年のSSM調査は、大規模な調査プロジェクトであり、『日本の階層システム』6巻に結実しているが、集合性の形成を検討した論考はほとんどない。

[4] 特定の社会問題の発生、帰責、解決について、計量的アプローチを応用することは、さまざまなカスタマイズが必要であり簡単ではないが、原理的にはつねに可能である。

[5] これらについても詳しくは丹辺（2006）を参照のこと。

[6] 現在でも、労働価値説を表立って支持しないが、近代経済学の価格理論も認めず、ヒューマニズムから虐げられている労働者やマイノリティ、アンダークラスの側に立つスタンスをとる研究者は――マルクス派に限らず――なお多い。こうした立場は価値評価にもとづく「批判」を研究と取り違えてしまうことに無自覚になりがちである。

[7] 「集団志向行為にたいする社会的誘因の存在は、この研究の分析を弱めるものではない。むしろ、それは分析を強化するだろう。なぜなら、社会的地位 social status と社会的受容は、個別的・非集合的財であるからだ。社会的サンクションと社会的報酬は『選択的誘因』であり、潜在集団を動員するのに用いられる誘因のひとつである。個人のあいだで使い分けられるということが社会的誘因の性質である。反抗的な個人は追放され、協調的な個人は魅力的なサークルに招きいれられるのである。組織論の論者たちが、社会的誘因は、金銭的誘因とおなじやりかたで分析されなくてはならないと強調しているのは適切である。」（Olson 1965: 60-61=1983: 71）

[8] この点については丹辺（2006）9章以降を参照のこと。

[9] したがって、この考え方を採ると、初発の集合財供給の困難さというよく知られた理論的難問を克服できるだろうし、情報伝達と認知を重視するA・オーバーシャル（1993）のものとは異なる集合行為の伝播モデルを構想することができる。

[10] 集団カテゴリーが構成される時点では、意識的、無意識的に主観的な選択が介在してしまうことは避けられないだろう。

[11] 紙数がかぎられているため、また集合的アイデンティティより包括的な議論であるため、フレーム・セオリーについてはここでは論じない。運動のフレーミングの機能に関する議論（punctuation/ diagnostic attribution/ prognostic attribution）は、価値解釈と因果解釈から構成される、ウェーバーの意味解釈 Deutung の議論と非常に親和的であることだけを指摘しておきたい。

[12] このとき、より熱意のある / イノベイティブなメンバーほど選択的誘因が増し、曲線Aの左側は大きく持ち上げられることになるだろう。

[13] もし報酬の少ない側の負担がより大きければ、曲線A2の傾きはより水平に近づき、折り合いはつきにくくなるだろう。

[14] ここで双方が一致してとりうる新たな集合行為があるとすれば、協力や分業が生み出す利益を配分するという古典的な解決策であろう。

[15] ネットワークという集合性と階層性の関係については別稿で論じたい。

[16] 本稿の前半部（1〜4節）は、丹辺（2010）をもとに改変したものである。

【文献】

Allport, Gordon W., 1954, *The Nature of Prejudice*, Cambridge, Mass.: Addison-Wesley.（=原谷達夫訳, 1968『偏見の心理』培風館.）

Clark Terry N., & Seymour M. Lipset, 1991, "Are Social Class Dying?" *International Sociology, 6*(4), 397-410.

Davis, Kingsley, & Wilbert E. Moore, 1945, "Some Principles of Stratification", *American*

Sociological Review, 10(2), 242-249.

Diani, Mario, 2003, *Social Movements and Networks: Relational approach to collective action,* Oxford; New York: Oxford University Press.

Friedman, Debra, & Doug McAdam, 1992, "Collective Identity and Activism: Network, choices, and the life of a social movement", in; Aldon D. Morris & Carol McClurg Mueller (eds.), *Frontiers in Social Movement Theory,* New Haven, Conn.: Yale University Press.

Inglehart, Ronald, 1977, *The Silent Revolution,* Princeton, N.J.: Princeton University Press. (=1978, 三宅一郎・金丸輝男・富沢克訳『静かなる革命』東洋経済新報社.)

Marshall, T. H., & Bottomore, Tom, 1987, *Citizenship and Social Class,* Cambridge: Cambridge University Press. (=1993, 岩崎信彦・中村健吾訳『シティズンシップと社会階級——近現代を総括するマニフェスト』法律文化社.)

McAdam, 1982, *Political Process and the Development of Black Insurgency, 1930-1970,* Chicago: The University of Chicago Press.

丹辺宣彦, 2006, 『社会階層と集団形成の変容——集合行為と「物象化」のメカニズム』東信堂.

————, 2010, 「階層研究における方法論的看過と社会学の伝統」, 『名古屋大学社会学論集』, volo.30, 名古屋大学社会学研究室, pp.39-51.

Oberschall, Anthony, 1993, *Social Movements,* New Jersey: Transaction Publishers.

Olson, M., 1965, *The Logic of Collective Action,* Cambridge, Massachusetts: Harvard University Press. (=1983, 依田博・森脇俊雅訳『集合行為論』ミネルヴァ書房.)

Weber, Max, 1924, "Der Sozialismus", in *Gesammelte Aufsätze zur Soziologie und Sozialpolitik,* Tübingen: J. C. B. Mohr.

人名索引

事項索引

執筆者および主要著作一覧（執筆順、○印は編著者）

○庄司　興吉　東京大学名誉教授（奥付参照）

主要著作：『主権者の社会認識 —— 自分自身と向き合う』（東信堂、2016 年）、『地球社会と市民連携 —— 激成期の国際社会学へ』（有斐閣、1999 年）、『社会変動と変革主体』（東京大学出版会、1980 年）

赤堀　三郎　東京女子大学現代教養学部教授

主要著作：『グローバル社会の変容』（分担執筆，晃洋書房，2020 年）、*Social Theory and Asian Dialogues*（分担執筆，Palgrave Macmillan，2018 年）、「社会の冷酷さについて」『東京女子大学社会学年報』(4): 1-12（2016 年）。

立川　雅司　名古屋大学大学院環境学研究科教授

主要著作：『「ゲノム編集作物」を話し合う』（三上直之と共著、ひつじ書房、2019 年）、『遺伝子組換え作物をめぐる「共存」』（農林統計出版、2017 年）『食と農の社会学』（桝潟俊子・谷口吉光と共編著、ミネルヴァ書房、2014 年）

岡野　一郎　東京農工大学大学院工学研究院准教授

主要著作：「消費化／個人化の観点による情報社会論の再検討 —— 「情報化」から「情報の消費化／個人化」へ」（『社会情報学』社会情報学会、第 5 巻第 2 号、2016 年）、「グローバル化時代と共生社会 —— ナショナリズムの問題を中心に」（尾関周二・矢口芳生監修，亀山純生・木村光伸編『共生社会 I —— 共生社会とは何か』農林統計出版，2016 年）、『共生社会 II —— 共生社会をつくる』(尾関周二・矢口芳生監修，古沢広祐・津谷好人と共編、農林統計出版、2016 年)。

山田　信行　駒澤大学文学部教授

主要業績：『グローバル化と社会運動 —— 半周辺マレーシアにおける反システム運動』（東信堂、2019 年）、『社会運動ユニオニズム —— グローバル化と労働運動の再生』（ミネルヴァ書房、2014 年）、『労使関係の歴史社会学 —— 多元的資本主義発展論の試み』（ミネルヴァ書房、1996 年）。

中村　眞人　東京女子大学現代教養学部教授

主要著作：『仕事の再構築と労使関係』（御茶の水書房、2009 年）、「精密機械産業」（産業学会編『戦後日本産業史』東洋経済新報社、1995 年）。

呉　学殊　労働政策研究・研修機構副統括研究員

主要著作：『企業組織再編の実像 —— 労使関係の最前線』（労働政策研究・研修機構、2019 年）、「労使関係論からみた従業員代表制のあり方 —— 労使コミュニケーションの経営資源性を生かす」（『日本労働研究雑誌』労働政策研究・研修機構、2013 年 1 月号 No.630）、『労使関係のフロンティア —— 労働組合の羅針盤』（増補版、労働政策研究・研修機構、2012 年）。

丹辺　宣彦　名古屋大学大学院環境学研究科教授

主要著作：『豊田とトヨタ —— 産業グローバル化先進地域の現在』（岡村徹也・山口博史と共編著、東信堂 2014 年）、『社会階層と集団形成の変容 —— 集合行為と「物象化」のメカニズム』（東信堂、2006 年）。

編著者紹介

庄司 興吉（しょうじ こうきち）
東京大学名誉教授 博士（社会学）
東京大学文学部社会学専修課程卒業、同大学院社会学研究科博士課
程単位取得退学、法政大学社会学部専任講師、同助教授、東京大学文
学部助教授、同教授（社会学第一講座）、同大学院人文社会系研究科
教授（社会学専攻）、清泉女子大学教授（地球市民学担当）を歴任。
日本社会学会理事、関東社会学会会長、などを歴任。社会学系コン
ソーシアム理事長（2009-2014年）として、2014年横浜でひらかれ
た世界社会学会議に向けて、*Messages to the World from Japanese
Sociological and Social Welfare Studies Societies,* 2014（冊子体、CD
および http://www.socconso.com/message/index.html）を刊行。日
本社会学および社会福祉学の世界への発信に努める。
東京大学消費生活協同組合理事長（1999-2003）をへて、全国大学
生活協同組合連合会副会長(2004-2005)、同会長理事(2005-2014年)、
同顧問（2014-）

 21世紀社会変動の社会学へ
主権者が社会をとらえるために

初版第1刷発行 2020年3月25日

編著者 庄司興吉
発行者 塩浦 暲
発行所 株式会社 新曜社
101-0051 東京都千代田区神田神保町3-9
電話（03）3264-4973（代）・FAX（03）3239-2958
e-mail : info@shin-yo-sha.co.jp
URL : https://www.shin-yo-sha.co.jp

組 版 Katzen House
印 刷 新日本印刷
製 本 積信堂